全球最美的地方

漫遊美國

《環球國家地理》編輯委員會 編著

前言

　　它是哥倫布在茫茫大海中發現的一片嶄新的大陸，它是一場驚心動魄的自由民主大革命的爆發地，它是如今世界上首屈一指的超級大國，它集中了世界上所有光怪陸離、時尚新鮮的要素，它承載了多少五光十色的夢想，有的精彩，有的荒誕，有的慷慨，有的浪漫。這裡就是美國，一個揮霍激情、實現夢想的地方。在這片土地上，一切都有可能成真。

　　在很多人眼裡美國是一個神奇又帶點神秘的國度，雖然沒有經過厚重的歷史沉澱，前進的步履也有些過於匆忙，發達的經濟和先進的科技卻讓人對它刮目相看。世界上最繁華的大都市悉數集中於此，霓虹燈流光溢彩，黯淡了夜空的明月繁星，交織成都市裡光與影雀躍的誘惑。

　　其實喧囂與華麗不過是都市的一個剪影，它凝結的是新大陸人世世代代的智慧與汗水。連上天也垂青這片千錘百鍊的沃土，對它的鍾愛獨獨多一些，賜予它姿態迥異的各色美景，每一次停留都是因為一次玄妙的風情誘惑。那秀美的山巒、雄渾的峽谷、蒼茫的草原甚至詭奇的荒漠，都早已被無數攝影師的鏡頭攝入一張張明信片，散遍了大半個地球。

　　本書通過一篇篇文字和大量的圖片介紹，詳盡勾勒出美國的歷史、地理、人文各色風貌，帶你走遍美國的自然美景、繁華都市。如果你對這個國家心存嚮往，那麼希望本書能帶你穿越時間與空間的距離，讓你體驗一次豐富多彩的美國之旅。願你能隨著文字徜徉，追逐一個放飛已久的心願。夢中的新大陸不再是遙不可及的幻想，因為它此刻就握在你的手上。

 目錄　　全球最美的地方——漫遊美國

俯瞰美國
Here's USA

當哥倫布在枯燥冗長的航海過程中發現人類歷史上一塊新大陸的時候，全世界的目光都被吸引過來了，但誰也不會想到未來這裡會崛起這樣一個國家——它年紀輕輕，朝氣蓬勃，帶著永遠不會滿足的好奇心，永遠也用不完的冒險精神，像坐著火箭一樣一路飆升，後來居上，坐到了世界一流大國的位置。

這就是美國，在經濟與文化上獨樹一幟的世界強國。

沒有任何一個國家能像美國一樣，集中了全世界那麼多的是非曲折，永遠被人談論，被人嚮往，甚至被人仇恨。有人覺得它像幸福的天堂，有人覺得它像殘酷的地獄。這些形容都浸透著美國式的濃濃的誇張語氣，地獄與天堂不過是自己的一念之間，就看你如何權衡取捨。若沒有那麼多的慾念糾葛，平凡的人間也可以如天堂般美好。

穿越塵封的記憶，翻起一張張泛黃的時空檔案，美利堅合眾國的建立是人類歷史上最

為輝煌的一首獨立戰爭的史詩。槍聲衝破殖民地的重重黑暗，最終化做自由的鐘聲，裊裊地迴盪在北美大陸上。它給予了美國人永遠悸動的自由之魂，這種不屈不撓、無所畏懼的精神如自由女神手中高高擎起的不滅的火炬，照亮了美國前進的道路。建國200多年的時間裡，它已將世界遠遠甩在身後，發展成了如今的世界頭號強國。

　　美國的革命歷程註定了它人文歷史的複雜化與多元化。現在的美國街頭你可以看到膚色和語言各異，來自世界各地的人種。他們作為新一代的移民早已深深地植根於美國文化中，並且為美國新的歷史書寫了別具特色的一筆。美國像一個世界文化的大熔爐，接納了世界上各具特色的人文精神，並將其千錘百鍊，創造出了一種自己獨有的、全新概念的複合文化。

✹美國中部遼闊的大草原。

　　如今的美國幅員遼闊，早已不僅僅是當年剛獨立時的十三州，兩個多世紀中它已經進行了無數次的領土擴張，海陸兩地兼收並蓄，不知將多少美妙的自然風光納入囊中。上帝顯然偏愛它多一些，北美大陸與海洋上的山河精華、自然神工皆集中於此。雄偉的落磯山脈貫穿全國，浩瀚的密西西比河奔湧千里，支撐起了美國山靈水秀的動人風骨，一場曲折的心靈之旅就此展開。

　　美國西部片的風靡一時讓人們記住了黃沙彌漫的小鎮。似乎猶他州高原上的蕭索與荒涼已經成為美國最傳統的自然印象。這片莽莽蒼蒼的高原成為了探險者的最愛，美國奇異卻又凶險的風光悉數分布於此。上天把這片土地塑造得艱險曲折，為熱愛冒險的人們提供了最天然的遊戲場。每一道深邃的峽谷，每一塊嶙峋的怪石，每一片險惡的劣地，都浸透了勇敢者征服的汗水。大自然自會有豐厚的回報，唯有堅韌不拔，堅持到底，才能真正理解「無限風光在險峰」的妙趣橫生。

　　上帝塑造美國時顯然並不是用單一的模子，經歷了滄桑險峻之後，大地搖身一變，馬上又能呈上山水潑墨畫一樣的秀美風光。那大片大片起伏的麥田，讓人經歷守望者的期冀。那碧藍純淨的水，讓人從心底盪漾起純樸的溫情。那白雪皚皚的山，讓人沉醉於自然的神奇雄偉。這都是都市人逃避喧囂紛擾，獲得心靈片刻寧靜的絕佳之地。精神的流浪在剎那間尋到了棲息的驛站，傍著美麗的自然我們終於可以放下包袱，尋獲一時的淡然。即便是事後每每回憶起，也都會獲得片刻的慰藉。旅行的意義，盡在於此。

❀拉斯維加斯的夜，是美國大都市文化的又一個象徵。

　　美國並不甘心陸地上的擴張，它還想做海上的霸主。於是我們便有了更多的機會，欣賞一個各種色彩交織而成的海灘美國。美國有著世界上最美麗、最優秀，排名最靠前的幾大海灘，這般豐厚的資源實在是令人豔羨。陽光的金色，沙灘的白色，海水的藍色，棕櫚的綠色，海灘上人們健康的古銅色，絢爛地詮釋了美國得天獨厚的海灘文化。邁阿密的熱辣情調已足夠令人流連忘返，更何況美國還有一個天賜的夏威夷。它清涼如風卻又熱情似火，美麗的自然風光，傳統的印第安土著文化，略帶神秘的古老傳說，有什麼能比這個地方還能最大程度地滿足人們對於度假的所有浪漫想像呢？

　　美國是神奇的，深刻的，任再偉大的探險者，窮其一生也無法探究這其中蘊含的萬千氣象。但我們還是力圖把它看得更加清楚一點，認識得更加透徹一點。本書選取了美國最具代表性的事件與景觀，用文字和圖片帶你瞬間體驗時間與空間上的遊歷，從歷史、地理、人文風情和自然風光等角度全方位的為你展現了一個客觀化的美國。讀完之後你會發現，那個最真實的美國，實際上就裝在你的心裡。

❀洛杉磯被譽為「天使之城」，是美國最重要的城市之一。

Chapter1

整裝出發

搜索地標：美國/加拿大

Rocky Mountains
落磯山脈 北美脊骨

不到落磯山來，你永遠不知道山有多大。所有你想到的、想不到的美景都匯聚於此，而這裡已不僅僅是一處風景，它像一道堅實的脊梁，支撐起了北美的天空，成為人們頂禮膜拜的神廟。

有人說，不到聖母峰不知道山有多高，不到落磯山脈就不知道山有多大。由此可見落磯山脈在世界群山中的地位超然。然紙上得來終覺淺，只有行走在廣袤無垠的落磯山脈中，才會深刻領悟到這句話蘊含的深刻意味。

有人說落磯山脈相當於「50個瑞士融合在一起」，這也絲毫不算誇張。落磯山脈北起阿拉斯加，穿過加拿大、美國，消失在墨西哥北部邊境，南北綿延4500多公里，幅員遼闊，方圓近300萬平方公里，幾乎縱貫了美國西部全境，雄偉矯健，被稱為北美洲的脊骨，倔強地挺立著，接受南來北往人們的膜拜。世人心甘情願地拜伏在其腳下，因為在神奇遼闊的大自然面前，人類如滄海一粟，如此渺小。

❋許多人說，世上的崇山峻嶺無數，但沒有一個能和落磯山脈相比。這裡的峰巒絕頂、冰川瀑布、山間溫泉還有長青的森林，都是獨一無二的。

　　眾多小的山峰共同撐起了這條「北美脊骨」，其中有名有姓的著名小山脈就有39條，大部分海拔都在2000～3000公尺，有的甚至還超過4000公尺，山巒起伏，山勢險要，座座險峰形如長劍，直刺雲霄。每個山頭都是雲霧繚繞，白雪皚皚，雄偉又不失秀麗，美不勝收。許多美國著名的大河都發源於此，包括我們十分熟悉的密西西比河、阿肯色河、密蘇里河和科羅拉多河等，還有眾多的河流靠山頂的冰雪融化供給水源。可以說，落磯山脈為美國滔滔不息的水源做出了傑出貢獻。它還是北美洲東西部最大的分水嶺，山脈以西的水流直奔太平洋，而東部的則全部匯入墨西哥灣。

　　由於南北延伸極廣，各地的氣候、地理和生態環境差異甚是明顯，各自呈現著風格獨特的自然景觀，千變萬化，多姿多采。整個落磯山區分布著眾多的國家公園、自然保護區和動物保護中心，冰川瀑布掛在起伏的山脈之間，熱騰騰的溫泉在茂密的針葉林間散發著醉人的熱氣，各式各樣的自然美景應有盡有。尤為難得的是，儘管慕名前來探險的遊人眾多，但由於地域遼闊，人煙相對稀少。在天與地的懷抱中度過一個毫無紛擾的清靜假期，這山光水色，為你獨有。

南部落磯山地山勢平緩，道道山脈平行羅列，眾多的高峰鬱鬱蒼蒼，被茫茫的原始森林覆蓋著。這裡氣候怡人，一年四季都陽光普照，春日裡百花盛開，原野一片新綠；夏季裡微風習習，並沒有令人煩躁的炎熱；入秋時分層林盡染，色彩紛呈；即便是寒冷的冬天，萬物蕭索，天空仍舊是一派清澈湛藍，這就是山間四季，那麼靈動地變幻著，每個季節來這裡都會有不

✦李安導演的一部《斷背山》蕩氣迴腸,而故事借用的外景便是雄偉的落磯山脈。大銀幕上,牛仔策馬馳騁的連綿山谷怎能不令人心生嚮往!

同的體驗和感受。山間潺潺的小溪、飛濺的瀑布、靜謐的河谷隨處可見,水是翡翠般的青碧色,深不見底,被濃密的白楊、松樹、冷杉和雲杉環繞著,水鳥飛掠,松鼠在林間枝椏上跳躍嬉鬧,行走其間,每一步都像是走進了一幅巨大的風景畫裡,我們的心也跟著入戲,沉醉,難以自拔。

自南向北游移,地質構造逐漸複雜,火山對地貌的影響力漸漸凸顯。大量的溫泉和間歇泉出現了,天然優質的硫黃溫泉蒸騰著裊裊煙霧。最有代表性的就是黃石國家公園,那裡是溫泉最為密集的地方。巨大的懷俄明盆地在眾多高山之間忽地凹陷下去,氣候乾燥,寸草不生,與寒溫帶的南部相比,完全是另一派風光。

而到了北部,火的影響不見蹤跡,冰成了這片土地的主導。在冰河世紀的活躍期,大量劇烈的冰川運動在這裡烙下了十分深刻的印記,至今山地裡冰蝕地貌依然廣泛分布著。

高山地段還保留著現代冰川，莊嚴肅穆的山峰和U型的山谷代替了鬆軟的高原，落磯山石巍峨的、靜默的稜角，與冷峻的、流動著的冰川形成了一種奇妙的對比。冰川在水面緩緩的滑動著，如一艘戰艦華麗地起航，所向披靡。水中懸浮的冰稜折射出神奇的光線，湖水被映照成一種鮮豔的、璀璨的碧綠色。

被冰原懷抱著的群山，即使在最炎熱的夏季，依然頭頂潔白的雪冠。積雪與冰川以不為人所察覺的速度悄悄融化著，冰水淅淅瀝瀝地流淌，喧鬧著奔騰而下。這些歷經了千年的冰川雪水，蜿蜒的爬過石壁罅隙，匯成涓涓溪流，積成一汪汪清潭，倒映著明媚的水天雲色，原始森林如衛士般堅定地在水邊站成一道碧牆，松濤雲海在潭中翻湧著風波無限。每一處潭水都是一道獨立的風景，寧靜、神秘、清澈、美麗。山與水和諧地演奏出落磯山脈一首悠遠的交響曲。

哥倫比亞冰原是遠古巨大冰川散落今日的餘香。這是落磯山脈所有冰原中最為氣勢磅礡的部分。空氣中流動著清冷的活力，還有一絲高海拔特有的甜美滋味。一個深呼吸，所有的細胞都像是被注入了興奮劑，那些曾經做過的夢似乎突然都變得真實了，心中最真切的渴望原來就在眼前，伸手便可觸及。

與大自然親近的方式多種多樣，若你沒有牛仔在馬背上的那般好身手，還是老老實實背起背包登山遠足吧！這裡是世界上最精彩的遠足地點，看景色多姿多采地變幻，視線永遠不會有空閒。單車遊是另一個不錯的選擇，如一隻輕盈的鳥兒展開雙翅飛過。清晨的露珠還在草尖上發亮，微風溫柔地在耳邊低語，兩旁的景色緩緩從眼前劃過。

山巒的高大壯美是因為牢牢的抓住了厚重堅實的根基——那就是我們腳下這片富饒的土地。無論夢想的翅膀將我們托得多高多遠，我們依舊牢牢依附著血脈流淌的大地，將自然的靈性融入血脈，就這樣，長相廝守下去。

✢哥倫比亞冰原高處的視野極為開闊，冰川在陽光下反射著清澈純粹的藍色，不帶雜質，令人有剎那的眩暈和迷離。

搜索地標：幹流發源於明尼蘇達州，於墨西哥灣入海。

Mississippi River
密西西比河
大河之父

密西西比河承載的是最正宗的美國味道的文化，洋溢著美國式的詩情畫意。它像乳汁一樣哺育了整個流域的人民，隨著工業文明的高度發展，在新時代又散發出新的活力。這個任勞任怨的「大河之父」，已經成為美國水利業不可取代的標誌。

作為整個北美洲水量最大的河流、世界四大河之一，密西西比河無愧於它「大河之父」的稱號。自海拔501公尺高空的伊塔斯喀湖奔湧而下，在落磯山脈的崇山峻嶺中逶迤千里，密西西比河縱貫南北，如一條銀白色的長卷，鑲嵌在美國大地上，河水奔騰不息，河面上的船隻南來北往，一派繁華熱鬧的景象，有力地支撐著美國的水文文化。

密西西比河匯聚了250多條支流，聯繫著大半個美國的

✤早在墾殖年代，密西西比河就已經成為美國的航運大動脈，為美國見證了歷史的滄桑變遷。

經濟區域，形成一個巨大的不對稱樹枝狀水系，水量極為豐富，幹流全長3950公里，流域面積達322萬多平方公里，占了美國本土面積的40%還要多，是美國人飲用水的來源，就像乳汁一樣哺育了她整個流域的人們。

河流與一個國家的人文情結總是息息相關的，密西西比河承載的是最正宗的美國味道的文化，洋溢著美國式的詩情畫意。馬克·吐溫、海明威等都曾經被奔騰的河水激發了無窮的靈感，寫出了不朽的文字。後人吟誦著他們的詩篇，延續著對密西西比河的崇拜與熱愛。

因為氣候地貌等多方面因素的影響，密西西比河的上下游有著截然不同的面貌風情。上游源自山地，曲折蜿蜒，形成了眾多的瀑布與峽谷。水質清涼，水流清澈，河岸岩石嶙峋，景色秀美。星羅棋布的湖泊散落在兩岸，既是天然的風光點綴，又如同加油站一樣補給著密西西比河的水量。中段水流湍急，泥沙混雜，在上游一直文文靜靜的密西西比河，到了這裡突然變得狂野奔放起來，水量陡增，還夾帶著大量的泥沙，平添了幾分粗獷之氣。下游水量豐滿，河道寬廣平坦，河水呈棕色，緩緩流淌，最終進入墨西哥灣。

早在墾殖年代，密西西比河就已經成為美國的航運大動脈，幹流總航道長3400公里，還有50多條支流通航，如一條大樹上延伸出去的枝蔓，與五大湖及其他水系相連，在全美國鋪開了一條龐大的水運網，基本上一年四季皆可通航，是目前世界上航運貨量最大的河流。

聖路易、紐奧良都是河流沿線著名的港口城市。密西西比河成就了它們今日的繁華。每天大量的石油、金屬等產品從各個港口進進出出，忙碌的工人與觀光的遊客交織，熙來攘往，年輕的工業城市呈現出一派勃勃生機。川流不息的船隊、閑庭信步的遊艇為這條美國最源遠流長的大河注入了新鮮的活力。

伴隨著渡船長鳴的汽笛聲，新的一天又開始了，金色的朝霞映紅了跳躍的水花，河面上早早便開始忙碌起來。密西西比河敞開寬廣的懷抱，迎來送走一批又一批的人和船。水上的一切都是流動變幻的，只有密西西比河一如既往，靜謐而溫和地流淌，踏實且溫柔地存在。

❋密西西比河上游，威斯康辛州的動植物保護區。

❋密西西比河在美國的地位是無可取代的，已經成為美國文化的突出標誌之一，為美國的航運、水電、農牧漁業做出了不可磨滅的貢獻。

搜索地標：美國、加拿大交界處

Great Lakes
五大湖
北美洲的小地中海

浩 渺無垠的五大湖是美洲大陸上最壯麗的水色，最宏大的自然美景。陸地上能有這麼龐大的一片淡水水體，讓船航行一天也看不到岸的影子，這本身就是一個奇蹟。可是這些變化多端的大湖是如此真實地存在著。

作 為天生的鄰居，美國和加拿大兩國總是要一起分享一些大自然的財富。美洲大陸上最壯麗的水色，最宏大的自然景觀——五大淡水湖就為兩個國家共同擁有。五大湖其中的4個都是美、加兩國的天然國界，兩國隔水相望，還剩下一個密西根湖，位置稍稍往南偏了些，便由美國本土獨享。

蘇必略湖、休倫湖、密西根湖、伊利湖和安大略湖，是分布在美加交界處的五大淡水湖。單從其中拿出任何一個湖泊，水量和面積都足夠可觀，在世界排行中也是名列前茅。五大湖聚到了一起，就好像5位高手華山論劍，個個實力驚人，聯合起來的力量足以摧枯拉朽。難怪這片湖區被稱為「北美洲的小地中海」。

這片「小地中海」的形成，還要感謝100萬年前的冰川運動。當年這裡是河谷構造，冰川崩塌時大量的冰塊堆積於此，將河谷壓低，陸續的擠壓、推移、變形、擴張，在這裡形成了大大小小許多湖泊，形態最終趨於平穩，就是我們今日看到的五大湖。

蘇必略湖位於湖區的最西北端。它的湖名出自法語，意為「上湖」。它不僅僅是五大湖中面積最大、海拔最高的一個，也是全世界最大的淡水湖。這裡的風景也是秀美宜人，羅亞爾島國家公園便位於湖心中。蘇必略湖的湖水清澈明淨，但是湖面卻風浪不斷，不甚平靜。因湖區多霧，湖面也經常被一層白茫茫的霧氣籠罩著，這一點天光水色都似蒙了面紗，若隱若現，更添嫵媚嬌俏。

休倫湖是第一個被歐洲人發現的湖泊，面積僅次於蘇必略湖，這個名字源自休倫族印第安人，帶著幾分粗獷的豪氣。它也豪氣干雲地將各種職責擔於一身，旅遊度假、礦產

✿五大湖是世界上最大的淡水水域，總面積達24萬5273平方公里。

※五大湖的湖水本是一脈相承，由西向東，自上而下由一個流入另一個，浩浩蕩蕩一往無前，最終在安大略湖歸入大海，從壯觀的淡水湖群成為大西洋裡一個平凡的小水滴。

資源、漁業、工業、港口⋯⋯是一處天然的寶地。

密西根湖是五大湖中唯一全部屬於美國的一個。五大湖的湖面本是由西向東依次下降，只有密西根與休倫湖平高。東岸有豐富的水果產區，果園中碩果累累，香飄萬里，來這裡欣賞風景的同時還能大飽口福；北岸則草豐水美，魚兒眾多，鱒魚和鮭魚在水中徐徐而行，令人眼饞，催生出發達的垂釣產業。

伊利湖水位最淺，水量最小，但它的脾氣卻最難捉摸。湖水此刻清澈透明，平滑如鏡，但下一秒鐘就可能風雨驟來，巨浪滔天，捲起千堆雪，變幻莫測。湖岸線狹長平緩，沒有曲折的起伏。湖的西端集中了一堆明珠般的小島。兩岸一派旖旎的田園風光，精緻的農家小院情趣盎然。湖水在東端經尼加拉河流入安大略湖，著名的尼加拉大瀑布橫亙在伊利湖與安大略湖之間，承上啟下，99公尺的落差已足夠扯出一道飛流直下的銀河，如天然屏障般高高掛起。

面積最小的則是位於最東邊的安大略湖，湖面海拔也是

❋密西根湖沿岸的沙丘最為著名，湖區氣候溫和，風景怡人，是避暑的好地方。

最低。雖然在這裡最小，但在全世界也可排得上第16位。「安大略」的意思是「美麗的湖」或者「閃光之湖」的意思，加拿大的安大略省就因此湖而得名。儘管面積不算太大，在蓄水量卻也毫不示弱。滔滔的尼加拉河是它水源的充足補給，五大湖的水流淌至此，集中匯入大西洋聖勞倫斯灣。

水分對氣候造成了極大的影響。在夏天，遼闊的水面吸收了大量的熱氣，將高溫積蓄到水中，夏季的悶熱與乾燥被清掃一空，這裡的氣候變得潮濕涼爽。而到了冬天，過多的水分則讓五大湖區顯得陰冷潮濕、異常嚴寒。秋末冬初水面上時常會刮起凜冽的寒風，風力最高時能達到9級，大浪高達數公尺。進入嚴冬時分，大片的水面都結冰了，看上去一片蒼茫。

早期五大湖區引起人們的興趣，是因為發現它提供了一個進入大陸腹地的便利通道。很快，這裡浩瀚的森林、肥沃的土地、豐富的礦產和發達的漁業一一被人看出了價值，豐厚的資源加上充足的水源，地理條件可謂得天獨厚，五大湖地區很快地發展起了龐大的工業、忙碌的航運碼頭和繁華的都市區，人口成倍增長，出現了芝加哥、底特律等特大城市。隨著人流增加，五大湖在娛樂方面無可比擬的優勢也凸顯出來。汽艇和帆船已經成為這裡倍受歡迎的水上運動，湖邊有許多的小艇停靠站，各湖的湖岸都有頗具規模的沙灘，沿途開闢了諸多可供露營、野餐的避暑地和國家公園景區。每年吸引數百萬遊客來此度假，美、加兩國的旅遊業飛速的發展。

陸地上能有這麼龐大的一片淡水水體，讓船航行一天也看不到岸的影子，這本身就是一個奇蹟。可是這些變化多端的大湖是如此真實地存在著。在湖邊望去，煙波浩渺，水天相接，上下天光，一碧萬頃。視野如此開闊，霎時便心無雜念，也同這無瑕的湖水一樣，纖塵不染，空靈飄渺。湖面上白帆點點，汽艇轟鳴，不時飄過來歡聲笑語。而在相對安靜的地方，則是靜謐的沿湖垂釣圖，動中有靜，相互映襯。遠處有海鷗展翅翱翔，近處是野鴨成雙成對地在水面上遊蕩。這人與飛鳥，流動與平靜，是多麼和諧的一幅自然生機圖！

總是在大自然的面前，人方能體會「大氣磅礴」的含義。造物主開拓出這無上美景，同時也開拓著人的心胸。任它紅塵紛擾，名利計較，不過都是天地間滄海一粟罷了，又何苦自擾？

近200條河流源源不斷地為蘇必略湖補充著水分，讓它常年潤澤豐盈。

依傍著這樣一片寬廣的水域，五大湖周圍地區的空氣彷彿隨便抓一把就能捏出水來。在這樣一片水域邊結廬而居，人生如此，夫復何求？

搜索地標：美國中部

Great Plains
大平原

野性的呼喚

誰說只有虎踞龍盤的名山大川才能入詩入畫，這看似平凡，卻底蘊深厚、神秘莫測的浩渺內陸，這片被我們踩在腳下，給予我們踏實和安全感的土地，同樣承載得起雄渾的讚美詩。只有真正理解了大平原所代表的一段歷史，你才能真正體味那溫柔線條下藏匿的野性之美。

如果你行走在美國的大地上，突然有一天，面前是一馬平川的蒼涼，隱約還透著幾分蕭索的悲壯，讓你想起那些熱血的西部片，油然而生幾分俠肝義膽的衝動，那麼，你一定是來到了美國最著名的大平原。

大平原，又被稱為大草原，作為一個自然區，它是世界上最著名的平原之一。實際上，它的觸角已經延伸到了鄰國的加拿大，沿著等高線為海拔300公尺的位置，肆無忌憚地橫陳著。大平原西起落磯山山麓，東到密西西比河谷地，向北一直擴展到加拿大的薩斯喀徹溫河，向南到德州，土地面積占了美國領土將近1/5，或許是因為面積太大，它的具體位置

✤雖然已不復當年的濕潤與肥沃，但大平原如一個韜光養晦的老人，靜靜地吸收著自然的精華。

始終也無法在學術界得到一致的認可，地理學家們眾說紛紜。而大平原毫不理會地存在著，傾聽千年的喧囂，彷彿人間的爭端都是與自己無甚相干的瑣事，寂靜中是難掩的落寞。

　　若是不看帶著些許起伏的邊緣曲線，大平原從西向東緩慢地傾斜下來，每公里僅僅下降2公尺，自然且規則地帶出一個弧度，舒緩且柔美。不管是肉眼觀察，還是行走其上，都感覺不到坡度的變化。橫貫美國的80號高速公路就位於大平原地帶，它成了自行開車或者步行穿越大平原的最好選擇。走在這條公路上，廣袤無垠的土地自眼前掠過，或者是遼闊的農田，鬱鬱蔥蔥；或者是雜草叢生的荒地，空無它物；或者是茂密的林地掩藏著廢棄已久的木屋農舍；或者是座落著難得一見的大型畜牧場。雖然面積寬廣，但是這裡的人口卻極為稀少，很多地方都是荒無人煙。據說這裡的人口密度極低，差不多每平方公里還不到5個人，人行其中，難免會心生寂寥之感。

✤廣袤的大平原上策馬揚鞭，無言的落磯山脈在遠方的天際線下綿延，這是僅屬於這片土地的寂寞與豪情。

　　現在的大平原隨時滿眼翠綠，但20世紀30年代，它卻與美國人一起見證了一段不堪回首的「塵土飛揚的十年」。那時的美國還籠罩在大蕭條的經濟陰影下，自然氣候似乎也隨著煩躁不安起來，一向被譽為「美國糧倉」的大平原，經歷了少有的長期乾旱，土地被嚴重侵蝕，一時間面目全非。塵暴天氣肆虐在這片曾經富饒的土地上，釀成了美國歷史上最駭人聽聞的生態悲劇。大平原多了一個帶著幾分悲壯與荒涼的綽號——塵碗。

✤夕陽下孤獨的牛仔是與大平原最相稱的存在，那孑然的身影即使落寞，也透著一派難掩的豪邁。

　　如今這個大碗裡的風沙早已消弭於過往的歷史中，以密蘇里河為首的幾條大河自落磯山脈緩緩流下，由西向東貫穿了大平原，滋潤著一方沃土。平原上的綠色一點點多了起來，像一塊針織毯般鋪陳開去，等待下一輪的復甦與綻放。

　　大平原的天氣多變，如同最頑皮的孩子的臉，但只要細細揣摩，便不難發現其中特有的規律。清晨還是晴空萬里，到了中午便狂風大作，直到黃昏才略有停歇。太陽落山也是依依不捨的，很晚的時間裡依舊天空明亮，紅彤彤的落日點燃了緊貼在地平線上僅存的一抹雲彩，為還在跋涉的遊人照亮了今天最後的路程。一望無際的原野罩上了一層橙紅的薄紗，平凡的土

地驟然變得神聖起來，一種奇妙的敬仰在心中油然而生。這時稱得上大平原一天中最美麗的時刻。

伴著醉人的夕陽，走進大平原的夜晚。很多徒步旅行的人們就在路旁的空地上支起帳篷休憩。草叢裡隱約傳來幾聲蟲鳴，四下再無其他聲響。滿天星斗如寶石般鑲嵌在墨色的天空中，安然閃耀。一切看上去都是那麼祥和。

若你沉醉於這靜謐的夜，想就此做個美妙的夢，那就大錯特錯了。千萬不要被這表面的平靜所欺騙，當你正準備酣然大睡的時候，突然間荒野中就會飛沙走石。大草原的天氣說變就變，小帳篷如風浪中搖曳的一葉扁舟。大平原露出了它殘暴野蠻的一面，沒一會工夫就電閃雷鳴，暴雨傾盆，彷彿在任性地欺虐渺小的寄居者。躲在帳篷裡聽著外邊風雨呼嘯，竟也頗有幾分亂世中獨尋一方棲身地的安定之感。待第二天早上出來一看，風停雨住，碧空如洗，朝霞燦爛，又是一個豔陽天，又是一個晝夜天氣交替的循環。

雨後清新的空氣與豁達的視野，讓人的心中豁然開朗。曾有人被這清新樸實的景色引發了詩性，在清晨明媚的陽光

天是脆藍的，地是金黃的，心是豪邁的。在一望無際的廣闊裡信馬由韁。來到大平原，還有什麼比這愜意的瀟灑和放縱？

中為大平原留下了詩情畫意的讚美:「由來山色為詩魂,平陸應憐亦堪吟。」大平原在他的口中洋溢出一派嫵媚風情。

　　是啊,誰說只有虎踞龍盤的名山大川才能入詩入畫,這看似平凡,卻底蘊深厚、神秘莫測的浩渺內陸,這片被我們踩在腳下,給予我們踏實和安全感的土地,同樣承載起雄渾的讚美詩。

　　如果你只是為了欣賞旅途風景,那大平原可能沒有你走過的其他地方那麼壯美奇特,攝人心魄。但你若能了解大平原所代表的一段歷史,你才能真正體味那溫柔線條下藏匿的野性之美。

❋大平原的居民相當分散,通常一家就擁有一片遼闊得你想像不到的土地。木頭搭建的房子星星點點地坐落著,依然是當年古香古色的風格,兩百年來幾乎未曾改變。

　　　　高高的落磯山
　　　　無邊的大草原
　　　　莽莽蒼蒼的綠色原野

☀現代的文明將大草原妝點得日益纖細柔弱，曾經在風中吟唱著粗獷蠻荒的氣息悄悄的收斂起來了。只要你的心裡藏著最原始的渴望，你一定能聽到蕭瑟的風中，隱隱傳來的歌謠與輕嘆。那是誰心中的不甘與渴望？

曾是我們祖先的家園

……

　　隨風飄蕩的是印第安人古老的歌謠。大平原如一本厚重的史書，密密麻麻地寫滿了平原上從印第安人到侵略者的歷史。體型龐大、性格凶悍的野牛曾經是那個時代奔跑的圖騰。

　　印第安人當年是這片土地上的主宰，世代居住在這片北美的內陸心臟。他們讓人很容易的聯想起馬背上的文化。如血的夕陽下，印第安人的面龐如大平原的土地一樣飽經風霜，嚴肅的神情襯著身後蒼涼的背景，透出幾分肅殺。他們在自己的身上和心愛的矮腳馬上都掛滿了鮮豔的飾物，驕傲地奔騰在開闊的草原，毫不猶豫地衝向野牛群落。

✤大平原也是用來懷舊的。廢舊的老式汽車被隨意棄置著，就連這份廢舊本身，也在成全大平原的歲月如歌的美感。

　　他們是天生的最優秀的獵手，被稱為「野牛行者」，專門捕殺這種在大草原上數量最多的動物。儘管野牛有著鋒利的牛角，但牠們顯然不是聰明且勇敢的獵人的對手。一隊優秀的獵人團結起來，較量的結果往往是將野牛群逼得驚慌失措，最終衝上懸崖，無路可退。印第安人血液中的奔放與驕勇在那一刻被發揮得淋漓盡致。他們取了牛肉、牛皮、牛筋、牛骨，豐富著自己的衣食住行。當過上越來越舒服的日子的時候，他們並沒有意識到，正是自己，掀開了大平原上血雨腥風的序幕。

　　當第一列火車隨著白人的入侵轟鳴駛入大平原的時候，野牛的輓歌似乎同時被唱響了。火槍代替了弓箭，入侵者代替了印第安人，捕捉野牛也從單純的謀生手段轉變成了純粹意義上的狩獵，其瘋狂程度可以用屠殺來形容，野牛成片地倒下，終於有一天，徹底地消失在大平原的土地上。盛極一時的圖騰消失了。大平原似乎也在面對著一個歷史的轉折點。

　　失去野牛的印第安人困惑了，除了狩獵他們不知道自己還可以做什麼，而沒有了獵物的遊戲顯然是無法再繼續進行下去的。面對白種人殖民者的開墾與戰爭，面對更多他們不熟悉的新生事物，印第安人突然在這裡變得無所適從。在政府軟硬兼施的手段下，他們被迫離開了這片世代生存的家園，自此流浪在美洲的大地上，流浪在他們古老的故鄉。馬背上的颯爽英姿隨著草原殘陽消失了，偶爾他們也許會想起那個年代，但他們想的更多的，就是哪裡才是流浪的終點？

　　天際線的終點，馬背上流浪的身影逐漸遠去，只餘那一曲回響了千年的牧歌，餘音不絕。

搜索地標：亞利桑那州

The Grand Canyon

大峽谷 · 地球的傷口

美國大峽谷是世界上最大的峽谷之一，也是自然界七大奇景之一。這裡詮釋的是激流勇進的美國精神。所有親臨此地的人都會感嘆，只有它才是美國真正的象徵。

據說從浩渺的太空望去，美國亞利桑那州北部的大峽谷，是西半球唯一用肉眼可見的自然景觀。暗紅色的峽谷像是地球上一道血淋淋的傷口，又長又深，觸目驚心，難怪在茫茫宇宙中也能感受到這種深刻的疼痛。

美國大峽谷是舉世聞名的自然奇觀，聯合國指定的受保護的天然遺產之一。它全長446公里，平均深度1.6公里，平均寬度16公里，總面積2724平方公里，號稱能裝得下200多個曼哈頓。科羅拉多河穿流其中，峽谷也由此得名。5000年前就曾有印第安土著在此居住。1903年，美國總統西奧多·羅斯福來此遊覽，由衷地感嘆道：「大峽谷使我充滿了敬畏，它無可比擬，無法形容，在這遼闊的世界上，絕無僅有。」

絕無僅有，這就是最好的讚美，把一切美好的言語都已包括了。

科羅拉多河發源於科羅拉多州的落磯山脈，水流湍急，奔騰不息。「科羅拉多」在西班牙語中的意思是「紅河」，因為河水夾裹了大量的泥沙常常呈暗紅色而得名。這紅色的河水竟然蘊含著開山劈道的巨大能量，就像一頭闖入瓷器店的公牛，在前行的道路上橫衝直撞，一切障礙都不放在眼裡。在主流與支流的上游，它就已雕鑿出了格蘭峽谷、布魯斯峽谷等19個大大小小的峽谷，可說是無往不利，戰無不勝。當最後流到凱巴布高原時候，隨隨便便地信手一揮，這一筆的堅持竟是幾百萬年，終於形成了這個絕無僅有的、驚世駭俗的大手筆，創造了科羅拉多水系所有峽谷中當之無愧的王者，並賦予它光怪陸離的形態。今日的科羅拉多河早已趨於沉寂，誰又能想到，那看似柔弱沉靜的河水，竟然有如此驚人的創造力？

*大峽谷大致呈東西走向，兩岸北高南低，蜿蜒曲折，朝暉夕陰，氣象萬千。

這種創造顯然是天馬行空，隨性而為，所以大峽谷的形狀極不規則，如一條桀驁不馴的長龍盤踞著。科羅拉多河在谷底緩緩向前，夾在斧削般陡峭尖刻的峽谷兩壁間，如一條綠色的飄帶，波瀾不驚，但站在絕壁之上，腦海裡依舊可以想像出當年巨浪排空、驚濤拍岸的壯大場面，那攝人心魄的雄渾氣勢強烈地衝擊著心靈。

或許是峽谷過於深邃宏大，使人在它面前又過於柔弱渺小。我們有限的視野永遠不能將整個峽谷的美景盡收眼底。無論你離它有多麼近，看到的也只不過是一個角度，一個截面，一個部分。沒有任何地方能讓你看遍大峽谷的全貌——除非乘坐飛機從高空俯瞰，才能完整地欣賞到這條「地球的裂縫」。

在飛機上，我們儼然是一個置身事外的旁觀者，少了身在局中的迷惑，眼界便驟然開闊起來。當完整的峽谷出現在眼前的時候，我們忘了拍照，忘了思想，甚至忘了呼吸，只顧著睜大眼睛，想把這剎那間的感受與震撼定格在心底，任你何人，此情此景，永生難忘！

站在峽谷邊上，彷彿突然就被推到了地球的邊緣，孤零零地將整個世界拋在身後，唯有孤注一擲。而再向前一步，就是萬丈深淵，馬上會被這道猙獰的裂縫吞噬。岩壁上的層層斷面一片斑斕，峭壁下的深淵深不可測，彷彿是一個張著大嘴的怪獸，正靜靜等待著你自投羅網。就連過多的凝視，也一陣膽寒。敬畏與震懾油然而生，此刻才能真切意識到自己有多麼渺小。所謂人間的歲月，塵世的紛爭，在這道裂口面前也不過是一粒無足輕重的塵沙。

大峽谷並不僅僅是自然的美景，同時也是一幅地質變遷

✤陽光下每一塊岩石都像是傳說中巨大的寶藏，七彩的峽谷流光溢彩，閃爍著耀眼的光輝，讓人覺得宛若置身仙境。

的繽紛畫卷。峽谷最底層的岩石稱得上是地球上最古老的岩石，從谷底到頂部按時間順序分布著從寒武紀到新生代各個時期的岩層，水平層次清晰，岩層色調各異，夾帶著各個地質時期最具代表性的生物化石。這是億萬年地質沉積的結果，如同樹木的年輪清晰可辨，記載了歲月的悠悠變遷，為人們認識這個區域的地質變化提供了最充分的依據。

峽谷兩岸的岩石斷層本是以紅色為主，山石遍體通紅，帶著鮮明的被科羅拉多河衝刷的印記。大自然繼續著自己鬼斧神工的雕琢技藝，將岩壁打造得岩層嶙峋，層層疊疊，奇峰異石和峭壁石柱夾著一條綿長的深谷，無與倫比的壯麗。陽光照射在石壁上，谷底漆黑一片，顯得更加幽深與神秘。

這時，科羅拉多大峽谷最奇特的景色出現了——無論是紅色的岩石，還是褐色的土壤，沐浴在陽光中，都泛起了七彩的顏色。岩石時而深藍、時而棕褐、時而又化為赤紅，變幻莫測，撲朔迷離。你永遠也猜不到下一刻會是什麼模樣呈現在眼前，大自然的奇異與詭秘，在這一刻被展現得淋漓盡致。那獨特的色彩、結構、特別是雄渾蒼勁的氣勢，任人間再高明的工匠也無法描摹。

很多人都無法抵擋峽谷深處的誘惑，尤其是天性愛冒險的美國人。騎上馬去谷底闖蕩一番，斜陽在峭壁邊將身影拉長，頗有幾分風蕭蕭兮易水寒的味道，彷彿自己真的變成了闖蕩絕地的勇士。只有親臨谷底才會發現，雖然從上面看大峽谷的深溝彷彿通往地獄的大門，但身臨其境，也不過只是當年西部蠻荒之地的情景再現，遍地怪石，寸草不生，每個人都成了馬上瀟灑的牛仔，馳騁荒原。學著西部片裡的英雄，騎馬消失在夕陽裡，前路茫茫，一腔愁緒，滿懷的蕭索。

美國作家弗蘭克‧沃特斯曾經這樣評價大峽谷：「這是大自然各個側面的凝聚點，這是大自然同時的微笑和恐懼，在它的內心充滿如生命宇宙脫軌的野性憤怒，同時又飽含著憤怒平息後的清純。這就是創造。」

造物主為我們創造了這種驚心動魄的美，同時也創造了一種境界，一種令人無法用語言表述的思緒、永難忘懷的感動。唯有在直面的一刻，靜靜用心靈感受它的莊嚴和神聖，領略大自然賜予這裡的無邊魔力和萬年寂寥。

✤大峽谷嶙峋的岩壁層層疊疊，不知道有多少史前遺跡裸露著，像是一本已經打開的地質歷史教科書，只等待我們去翻閱理解。

✤大峽谷蜿蜒於亞利桑那州灼熱的天空之下，生長於岩縫間的植物彷彿也沾染了這一脈孤寂與蒼涼。

搜索地標：阿拉斯加州

Alaska
阿拉斯加 · 美國最後的邊疆

冰川之旅是阿拉斯加永恆的主題。在炎熱的夏季裡出發吧，阿拉斯加便是心靈停泊的港灣。飛翔在冰雪的清涼世界，溫度與季節的概念都消失，愜意瀰漫於心，奢華如影隨形。

✻美麗的、冷峻的、溫暖的阿拉斯加用它純粹卻又並不單調的面孔為美洲大陸添上了最別緻的一筆。

阿拉斯加州是美國最大的州，同時也是美國最著名的兩片飛地——即遠離美國本土的土地之一。然而與另一片飛地——夏威夷的火辣風情截然相反，阿拉斯加是全美獨一無二的冰雪王國，一個寒意徹骨、銀裝素裹的冰川世界。它的生活也帶了極地特色，每年冬天有兩個多月不見太陽，而初夏時節，有3個月的時間，人們都能見到午夜充滿融融暖意的陽光。有人說它是美國的北極，正是這冰雪封天讓它在美國的風景名勝中寫下了極為獨特的一筆。它的美麗冷峻且大氣，吸引著人們探奇覽勝的腳步。

阿拉斯加處於美國的邊緣，被稱為美國「最後的邊疆」。它的東面緊鄰加拿大，其他三面被北冰洋、白令海和北太平洋沿岸環繞。18世紀，來自歐洲的探險家發現了這塊富饒的新大陸，商人紛至沓來，捕殺鯨魚和水獺。俄羅斯人一度成了這裡的主人，只是在戰爭期間自顧不暇，只好以十分低廉的價格轉手賣給了美國。精明的美國人顯然做了歷史上最划算的一宗大生意，150萬平方公里的土地從此擴充進美國的領土，一下子就占了美國本土面積的1/5。

去阿拉斯加旅遊的人一般都會選擇最傳統、也是最浪

漫的方式——郵輪。航道涵蓋了阿拉斯加的主要城市與港灣，緩緩行駛在海面上，空氣十分清新，沁人心脾，彷彿五臟六腑都被通暢淨化了。臨近阿拉斯加的時候，海面上出現了大片的浮冰，越來越多，在海峽的狹窄之處如激流湧動，凜冽的寒氣刺激著人的神經，我們已經進入了這個冰川的世界。那山、那水、那雪，遼闊且寂靜，心裡忽然有些空蕩蕩的，但想著馬上就要與冰川近距離親密接觸，又忍不住陣陣興奮。

　　世界上大多數的活動冰川都位於阿拉斯加，冰川是阿拉斯加之旅永恆的主題。緩緩行駛在阿拉斯加南部列島的內海航線，兩岸的群山都被冰川覆蓋了。也許是被無邊無際的冰雪吸收了聲音，從郵輪上感觸到的世界一片靜謐。沐浴在冬日暖陽中，看兩岸的森林靜靜地舞動，冰雪的凜冽氣息撲面而來，感覺極為愜意。夜色中，船在水面劃出波瀾的時光，輕快地行駛著，湖泊的色彩因水中波紋的盪漾而顯得更加光彩奪目，山與樹漸漸退向身後，北極光把遠處的山與雪照耀成一幅美麗的畫面，沉重的存在，輕盈的舞蹈，內心的相和，時間彷彿被凝固了，或者只是像腳下的船，前進得毫無聲息，讓我們感受不到任何運動的痕跡。用著名詩人雪萊那句「超越所有的美」來形容此時此刻，毫不為過。

　　郵輪會為了冰川泊岸，讓你在完全靜止的狀態下體驗每天流動兩三千公尺的冰河。天地間一片寂靜，只有冰河水聲淅瀝，它們已這樣不停歇地奔湧了千年。誰也不知道何日何地是盡頭。若有機會坐上遊覽專用的直升機，俯瞰無邊無際的高原冰川，白茫茫的大地反射著耀眼的陽光，雪山格外雄壯美麗。

　　冰川灣位於阿拉斯加東南部，通常它都是冰川之旅不可或缺的一站。12條姿態各異的冰川都環繞在它身邊，是阿拉斯加冰川最密集的地區之一。20世紀初這裡就已經被劃為美國國家公園，規模越來越大，1992年更是升格為世界自然遺產，具有很高的旅遊和科學考察價值。

　　由於冰川眾多，在冰川灣不需刻意尋覓，只要坐在船頭靜靜守候，就會有冰川飄然而至，如一個心有靈犀的約會，讓你得以抬頭仰視它逼人的寒氣，剔透的玲瓏。

❖阿拉斯加的交通完全是飛機的天下。這裡的居民幾乎每戶都擁有一架私人的小型飛機。

如果你看到一座通體潔白的巨大冰川，隱約透著寶藍色，那它一定是瑪格麗特冰川，因為瑩白如玉而被賜予這個嫵媚嬌柔的名字。它從一條山谷延伸下來，海面上的部分大約有500公尺，冰肌玉骨，渾然天成。抬頭望去，雲遮霧繞，冰雪覆蓋著的山頂若隱若現。

另一條著名的冰川——霍普金斯冰川顏色則頗為駁雜，海藍色、蛋殼色與淺褐色交織在一起，體積更為龐大，氣勢也更為壯觀。每一座冰川都像是一座富麗堂皇的海上宮殿，等待你的來訪與探尋。郵輪和冰川都在移動，你和它彷彿茫茫大海上的兩個小點，期待，相遇，然後再分開。但那海上的宮殿依然牽動著你的心，哪怕一個晶瑩的冰塊也讓人念念不忘。

冰川最神奇的地方在於它的變幻莫測，而並不僅僅是一個靜止的巨大存在。它的每一分鐘都充滿神奇的變化，每一分鐘都不相同，彷彿那龐大透明的軀體內還隱藏著一個不安的、悸動的靈魂。千萬年的冰雪像鑽石般折射著高貴的光芒，但它的內裡卻在慢慢地融化，不一定什麼時候就會崩塌，脫落的大小冰塊掉入大海，濺起一片浪花。有時甚至是整片的冰川壁倒下了，隆隆巨響，白浪滔天，落入大海轉瞬就消失不見。那是冰川的心在碎裂吧，不然它何以如此強烈地釋放著悲傷？

欣賞完冰川動人心魄的美麗之後，我們這才開始注意阿拉斯加州本身。由於地處偏僻，骨子裡透著天生的冷傲，阿拉斯加並不像美國其他的旅遊勝地那般張揚，但它本身蘊含的巨大魅力卻讓世人無法忽視。它占據著美國幾項之最，除了是美國最大的州，它還擁有全美最長的海岸線，落磯山脈延伸至此，形成了北美最高峰——麥肯尼峰。全美最高的20座山峰裡，阿拉斯加就占了17座，另外還有70多座潛在的活火山。

誰說蠻荒之地就沒有人間極致的奢華享受？想像一下：炎炎夏日，熱浪從四面八方襲來，而你卻身處奢華的海上郵輪，穿梭在色彩斑斕的冰川世界，冰灣絕壁的壯觀奇景如期而至，季節與溫度的概念彷彿完全消失了，炎熱與煩惱如風過耳，消弭於腦後，彌漫於心的只有通體的舒爽和愜意。

你永遠不知道下一刻又會有什麼樣的震撼情景出現——這就是旅途的美妙，假期的悠然，奢華如影隨形，這一切，都是阿拉斯加帶給你的。

最豐富的自然資源給阿拉斯加帶來了全美數量最多的國家公園。世界上最好的狩獵和釣魚場所都坐落於此。度假的人們能找到各式各樣的休閒享受。難怪雖是冰天雪地，卻依舊熱情如火。

搜索地標：美國、加拿大交界處

Niagara Falls
尼加拉瀑布
雷神之水

溫情浪漫，驚險刺激，這都是尼加拉瀑布呈現給我們的不同風情，變化多端正是它的魅力所在，在這裡你可以找到任何一種你想要的體驗。雷神之水絕對不會辜負你的朝拜。

歡度蜜月，坐木桶漂流⋯⋯這些看上去毫不相干的活動偏偏都能撞在同一個地方，沒錯，尼加拉瀑布就是有這麼大的魅力！

　　瀑布位於加拿大和美國交界處的尼加拉河中段。滔滔的尼加拉河水流經此處，由於地貌變化，海拔驟然下降了51公尺，湍急的水流自半空中垂直跌落，轟鳴聲震天動地，帶著雷霆萬鈞之勢，形成了著名的尼加拉瀑布，被譽為世界七大自然奇景之一。

✤與瀑布最親密的接觸莫過於登上郵輪「霧中少女號」，緩緩在水中自瀑布底下經過。那份有驚無險的刺激感無法用言語來形容。

當年拿破崙的弟弟吉羅姆·波拿巴帶著新娘萬里迢迢地來到尼加拉瀑布度蜜月，被這人間奇景所折服，回國後在歐洲貴族中不遺餘力地替瀑布做著宣傳。尼加拉瀑布至此真正聲名鵲起，歐洲興起了一股到尼加拉度蜜月的熱潮。時至今日，來這裡歡度蜜月仍然是諸多熱愛生活的年輕人推崇的時尚。而它湍急的水流和險要的地勢又為眾多的探險者鍾愛。既刺激，又溫情，這就是尼加拉瀑布呈現給我們的不同風情，變化多端正是它魅力所在。

✿瀑布旁的觀景台上有望遠鏡，專為遊人從遠處觀望瀑布而設。

細分起來，尼加拉瀑布其實可以再分成3個分支。加拿大與美國各占其半。「加拿大瀑布」狀如馬蹄，被稱為「馬蹄瀑布」。馬蹄瀑布水量極大，氣勢磅礴，水色青碧，飛流時激起高達100多公尺的水霧和浪花，清新的水汽彌漫，水花如銀珠般四濺。若遇上陽光燦爛，便會折射出一道彩虹，甚至是好幾道彩虹同時在天上懸掛，五彩斑斕。

瀑布在美國境內又被一分為二，稍大的一道叫做「美國瀑布」，水波層疊，一片迷濛。較小的那道水量不大，身形狹長，精巧秀氣，像新嫁娘頭上垂下的神秘面紗，蘊含了風情萬種。它的水流細小，呈漩渦狀落下，團團跌落於堅硬的岩石上，如碎玉拍岸，捲起千堆雪，與身旁大馬金刀的美國瀑布相比，完全是一副小家碧玉的嬌羞之相，故此得了個別緻的名字——「新娘面紗瀑布」。

來到這裡之後，你會發現「雷神之水」並沒有想像中那般神秘，只要你肯努力，就可以全方位多角度仔仔細細地把它看個夠。空中飄蕩的熱氣球能夠帶你翱翔在水面之上，俯瞰整個瀑布，高瞻遠矚，頗有把雷神踩在腳下的氣勢！如果你願意攀登，可以爬上高達86公尺的「前景觀望台」，將整道瀑布正面一覽無遺。若想另闢蹊徑，就要沿著山下崎嶇的小路前往「風岩」，到達瀑布的底下抬頭仰望，水流如同直接從天河傾瀉而下，鋪天蓋地，讓人對大自然油然而生崇敬之意。

✿「尼加拉」在印第安語裡的意思是「雷神之水」，印第安人覺得那巨大的轟鳴聲是雷神在說話。

在雷神的咆哮之前，人類的激情或許微不足道，但我們追逐的腳步卻永遠不會停歇。不僅僅是遊覽景色，更要體驗自然。就像狄更斯描述的那樣：「尼加拉瀑布，優美華麗，深深刻上我的心田；銘記著，永不磨滅，永不遷移，直到她的脈搏停止跳動，永遠，永遠！」

搜索地標：懷俄明州、蒙大拿州和愛達荷州

Yellowstone National Park

黃石國家公園 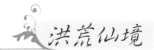 洪荒仙境

這裡是一片大自然營造的上古洪荒夢境之地，未經開鑿的原始林地，保持著最純粹的自然風情。冰與火交融的獨特魅力，在古老的土地上跳躍流淌，超越了人類藝術所能達到的極限。一切都是言語難以細細描繪的，不到黃石，你永遠無法領會美國有多美。

✦遍布在公園內的地熱奇觀是世界上最大的活火山存在的證據，也是黃石吸引世人目光最顯著的特徵。

「**在**不同的國家裡，無論風光、植被有多麼大的差異，但大地母親總是那樣熟悉、親切、永恆不變。可是在這裡，大地的變化太大了，彷彿這是一片屬於另一個世界的地方。地球彷彿在這裡考驗著自己無窮無盡的創造力。」

一位美國的探險家用這樣熱切的語句來形容自己心中的自然聖地——黃石國家公園。在他的眼裡，黃石宛如神秘世界裡的奇幻仙境，散發著難以抗拒的魔力。造物主把它當做一塊天然試驗場，一改往日嚴謹的、循規蹈矩的設計，任其自行發展得光怪陸離。這裡99%的面積都未曾被人工開發過，集中了森林、火山、湖泊、溪流等各式各樣的自然奇觀，一派純粹的洪荒景象，是整個美洲大陸上自然風貌保持最好的土地。無論是想飽覽最純粹的自然奇景，拍攝最獨特的原始風光，體驗徒步旅行的悠然自得，還是領略西部牛仔的狂野風情，黃石公園都是不二之選。

黃石國家公園是美國最早落成的國家公園，這還要歸功於慧眼識珠的風景攝影師們。正是他們為自己鏡頭裡的美景深深沉醉，才不遺餘力地向美國政府大力推薦，總算沒有埋沒這株亂世中的奇葩。否則它可能現在還藏在落磯山脈大片的原始森林中，不輕易向人們綻放它美麗的真顏。

占地將近9000平方公里的黃石，有將近90%的面積都是被茂密的森林覆蓋著。綠色是這裡的主打色，漫山遍野地鋪陳開去，極目遠眺，映入眼簾的全部都是鬱鬱蔥蔥的綠，周圍環繞著蜿蜒起伏的山巒，形態各異，宛如一個飄渺的仙境，心也隨著豁然開朗。藍天白雲在黃石的土地上空分外澄明，空氣新鮮得能滴出水來。森林裡通常是幽靜的，偶爾的幾聲鳥啼蟲鳴似一池碧水上輕輕盪漾的微瀾，反而更加映襯了四周的靜謐，靜的只能聽到自己的心跳聲。其實這乍看上去沉

米黃石擁有比世界上其他任何地方都密集的溫泉和最為猛烈的間歇泉，以至於人們總是說，黃石的歷史，是由火山來書寫的。

靜如水的密林,每天都在蓬勃地躍動著,拋去內心的浮躁靜靜聆聽,你是否感受到了每一棵參天大樹的呼吸?正是它們為我們帶來了最新鮮的空氣,盡情的呼吸著,似乎心跳也變得和樹木的吐納同一頻率,一同跳躍著的還有這片古老土地上嶄新的希冀。

除去森林,黃石剩餘10%的面積就是水了。

與靜謐中蘊含著無限生機的森林不同,黃石的水完全是一幅動態的畫面。河流與小溪穿山越嶺,跨過灼熱的熔岩,躍過冰冷的雪峰,帶著冰與火的雙重洗禮,不顧路上的嶙峋崎嶇,一刻也不停歇奔騰向前的腳步,最終流入大河,匯入江海。

即便是無法前進,沒有去路的泉水,也不甘寂寞地躁動著。泉眼被蒸騰彌漫的霧氣半掩,深不可測,更增添了神秘與美麗的誘惑。沸騰的熱水、黏稠的泥漿一起翻滾沸騰,如一爐烈焰熊熊燃燒,發出「咕嘟」和「啪啪」的巨響,熱鬧

✿黃石大峽谷的壯麗景觀。

非凡。300多眼間歇泉噴出的水柱都超過30公尺，有節奏地起起落落，像是一場盛大的集體舞，你方唱罷我登場，讓黃石永遠都不會寂寞。這是 造物主在黃石種下的最神奇燦爛的花朵，爭奇鬥豔，交錯開放，從不疲憊。

黃石的歷史，本是由火山來書寫的。現在的國家公園就座落在一個巨大的火山口上。正是60萬年前最後的一次噴發，造就了今日這個洪荒幻境的雛形。不必慌張，這座活火山自人類有歷史以來還沒有爆發過，並且也沒什麼即將爆發的痕跡，或許是這片山清水秀的好景色讓它也樂得清閒，不願意去橫加破壞，反而還留下了諸多獨有的火山地貌特徵，為黃石公園的奇景添上了至關重要的點睛之筆，成為研究近5500萬年以來火山活動最為生動的參考書。

❋黃石公園的猛獁熱泉。

但黃石又並不完全只是火山景觀的展示地。大自然的高明之處就在於它將水火混為一體，同時在黃石的土地上閃耀著，不但不互相衝突，反而相映成趣。

當火山時代過去之後，火山口這個大熔爐被封堵住了，空氣中的煙塵和灰燼漸漸散去，紛紛揚揚的雪花打著旋兒飄下來，地球進入了漫長的嚴冬，冰河時期來臨了。寒冷的天氣裡，冰雪越積越厚，越堆越高，終於在某一天裡發生了壯觀的雪崩，以天塌地陷之勢轟然滑落，壓縮成了一座座冰川。沒有根基的冰川在陸地上流動著，將原有的岩熔地貌一點點地打磨塑造。原本枯燥的地形一下子變得生動起來，溝壑縱橫，山巒起伏，如同單調的樂章加上了跳躍的節奏，這就是黃石公園展現給我們的神奇的冰川地貌。

❋地熱泉由於泉水中含有不同種的金屬離子而呈現出各種明亮的色彩，是黃石最美豔的一道風景線。

間歇泉轟鳴著噴射出滾沸的水柱，透過煙靄的熱氣，可以看到冰川融水匯成的小溪就在它們身邊歡快地流淌著，看起來絕不相容的力量在黃石卻和諧地共處。我們已經無法看到當年它們相遇時曾經有過怎樣激烈的衝擊，只能靠想像來描述這片土地上美麗的造物神話。

黃石湖是黃石公園裡另一處著名景觀。它是美國最大的高山湖泊，湖水

幽深明淨，一塵不染，最深處可達1百公尺。潔白的天鵝在湖中棲息游弋，碧藍色的湖水襯托得它越發純潔優雅。皚皚雪峰、蔥蔥綠樹倒映在湖水中，像一副絕美的風景油畫，讓視野顯得更為開闊。黃石湖雖然幽靜，但由它流下來的水卻力道驚人，貫穿火山岩石，將山脈橫切，所經之處，開闢出了一道險峻的峽谷，這無心插柳的傑作，就是黃石公園內最為宏偉華美的景色——黃石大峽谷。

黃石大峽谷長約32公里，寬200公尺，深度達60公尺。但帶給遊人最大視覺衝擊的並不是它的險峻狹長，而是它的五光十色。世界上的峽谷千千萬萬，可是彩色峽谷大概只此一個。整個峽壁都是風化後的火山岩，從橙黃色漸漸過渡到橘紅，夾雜著白、綠、藍……它們與紅色的背景相調和，又衍生出無數異彩紛呈的色澤，在陽光下閃爍著耀眼的光彩，絢爛奪目。如同最不拘一格的藝術家，將大桶大桶的油彩直接潑在了岩石畫布上，形成了兩道帶有抽象主義色彩的長長的緞帶。

想欣賞黃石，你當然可以乘坐旅遊車輛，老老實實地沿著觀光公路轉上一圈，看到茂盛的森林，跌宕的水系，成群結隊覓食的動物，黃石的美景盡收眼底。但這樣終究只是隔岸觀火、霧裡看花樣的恍惚，你是無法深入黃石內心的，因為汽車本不該是屬於黃石的東西，坐車的遊人到底只是個觀光客，只有背起背包走進深山老林，用腳步丈量一下那崎嶇的盤山公路，與千年老樹同呼吸，與曲曲彎彎的小溪一起奔跑，方能有機會真正觸及到黃石的靈魂，深入切實地了解黃石的真諦。在與世隔絕的荒野，與天地同在的你終於找到了一絲探險的意味，那是只有親身跋涉的探險者才能領略到的獨特的魅力和巨大的自豪。

✣黃石國家公園的標示牌。

來來往往的寒暑歲月裡，已經有6000多萬人在黃石留下了自己的足跡。他們來自五湖四海，在黃石都得到了滿滿的收穫，有衷心的感嘆與讚美，有對自然的驚豔與敬畏，有心遠地偏的寧靜感悟，有肅然起敬的深沉思索，有長途跋涉的驚險刺激……

種種悲喜交加的經歷與感受，各不相同，每個人心裡都留下了黃石的倩影：

那是面目獨特的、只屬於他們自己的黃石。

❊黃石的美，在於深深扎根在岩石、河流、泉水、草場每一個
細胞中的顏色，雖然常年暴露在風吹日曬當中，這色彩卻依舊
鮮活明媚，不會有半分消退，它支撐著國家公園躍動的生命，
經年不停。這奇異的景色，怎能不令觀者肅然起敬？

搜索地標：美國、加拿大交界處

New Mainland

新大陸

改變世界的發現

一份忠於信念的堅持，一個不算偶然的發現，攪亂了世界看似平靜的格局。一片新的土地浮現在我們的視線中，如一顆璀璨的新星照亮了沉悶的夜空。昔日荒涼的小島，今日已成一片繁華的沃土。

✤哥倫布雖然發現了新大陸，卻誤以為來到了印度。而最先為西方世界描述新大陸的，則是這位義大利人亞美利哥·維斯普奇。因此「亞美利加洲」也是以他的名字命名的。

說到美國的由來，人們總是免不了從發現新大陸這個古老卻又永遠帶著新奇、冒險味道的傳奇故事開始。

茫茫的大西洋一望無際，遠處海天相連，單調的藍色充斥了視線，讓人倍感枯燥，看不到一點陸地的痕跡。人如滄海一粟，單薄且渺小。在那個時候，人類都還以為地球是扁平的，在海面上一直前行，便會到達地球的邊緣，整個船隊必將掉進無底深淵。

但這一切都不能動搖哥倫布航海的決心，他拔出寶劍，堅定地命令自己的隊伍前行。

連他自己都想不到，這樣一去，會有何等驚天動地的發現。終於，一片順流漂來的蘆葦，讓所有的人看到了陸地的希望。1492年，哥倫布帶領他的隊伍登上了一個陌生的小島，由一片珊瑚礁和一大片海灘環繞著的一個不起眼的島嶼，狂喜的哥倫布把小島命名為「聖薩爾瓦多」，即救世主的意思。在哥倫布心中，這片土地就像救世主一樣，挽救了大海中茫然無措的他的隊伍，讓他們在返航回到西班牙時得以受到英雄般的禮遇。

新天地的發現震撼了整個歐洲，人們終於明白，原來西班牙並不是世界的盡頭。這個地球是圓的，人可以到達地球的另一端。意氣風發的哥倫布乘勝追擊，又進行了3次航海，陸續發現了更多的從前不為人知的陸地，可謂居功

✤哥倫布船隊航海路線圖。

至偉。但遺憾的是，一直到去世，哥倫布都固執地認為自己發現的地方是東方的印度，卻不知道那是一塊將改變世界的新大陸。後來，一位義大利航海家亞美利哥·維斯普奇考證後公布，哥倫布發現的是完全不為人所知的一塊嶄新的土地，這片土地最終以他的名字命名——亞美利加洲。於是在世人心中，除了亞非之外，又多了一個美洲。

✤ 克里斯多夫·哥倫布肖像。

在哥倫布第一次踏足時，他想當然的把當地土著居民稱為「印第安人」，也就是「印度人」的意思。他們有與歐洲人截然不同的膚色，打扮也讓航海家感到很新奇。印第安人也用警惕的眼光打量著入侵者。那一刻視線交錯，似乎穿越時空，他們都不會想到，這一次對視給對方、給自己帶來了多麼重大的意義。美洲的發現顛覆了歐洲人狹隘的世界觀，同時也徹頭徹尾地改變了那片土地上人類的命運。

哥倫布在新大陸看到了歐洲人從未見過的菸草、馬鈴薯、玉米，並把它們的種子全部帶回去，散播到全世界。新大陸從被發現的那一刻起，就開始給全世界帶來層出不窮的驚喜，影響著工業、農業，甚至是人們的生活習慣。這也激起了殖民者更貪婪的慾望。幾百年的歲月裡，歐洲人從沒有停止過掠奪。這片土地飽經了戰火洗禮，在磨難中堅韌地成長著，帶著幾分叛逆，幾分不屈，長成了我們今天熟悉的美洲。

作為美洲文化的傑出代表，美國發展的速度令世人瞠目。它沒有那些文明古國幾千年文化的沉澱，但或許正是沒有過去的束縛，才讓它未來的道路越發海闊天空，無拘無束。美國像一個起跑晚了的孩子，不理會任何規矩，從个畏首畏尾，衝破重重阻撓，任意馳騁。不得不承認，在某種程度上，這個孩子現在已經跑到了世界的前列，甚至還想做世界的領跑者。

✤ 畫家筆下，哥倫布和他的船隊初登新大陸，哥倫布左手執旗，右手執劍，向天祈禱。

感謝哥倫布當年的堅持，正是他的堅持打亂了世界原本平靜的軌跡，讓一顆璀璨的新星照亮了沉悶的夜空。昔日荒涼的小島，今日已成一片繁華的沃土。誰會知道，這片新大陸究竟還能呈獻給人們多少奇蹟？

搜索地標：美國山區

*I*ndians
印第安人
陰錯陽差的由來

當年他們被動地接受著命運的安排，動盪離亂，飽經滄桑。現在他們寧願隱藏在深山老林，如身處遠離現代文明的伶仃孤島。始終不變的，只有對生活無盡的熱愛，對美好永恆的追求。

✣古老的印第安人是美洲大陸最早的居民。他們過著與世隔絕的部落生活，直到新大陸被發現的那一天。

說起來有幾分荒謬，「印第安人」這個稱呼，竟是來自於哥倫布一生中最錯誤的一次判斷。當他剛剛登上美洲大陸的時候，就發現了這裡奇怪的人種。與白種人相比，他們的膚色微微泛著紅棕，身體半裸著，臉上塗著鮮豔油彩，頭上插著各色的羽毛，目光中滿是警惕，卻又對這些來訪者頗為好奇。

　　哥倫布稱他們為印第安人，一直到死他都堅信自己到的大陸是印度，那些奇怪的人都是印度人。這個錯誤很快就得到糾正，「新大陸」的概念迅速流傳開去，而「印第安人」這個稱呼卻沿襲至今。印第安人成為美洲最古老的居民，現在是因紐特人之外所有美洲土著居民的總稱。他們屬於黃種人，但由於總是在皮膚上塗各色的油彩，就成了哥倫布看到的那種紅棕色。在剛剛被發現的那一刻，他們與自己這片大陸之外的那個喧囂世界顯得是那麼格格不入。每個人都悠閒地抽著菸草，吞雲吐霧，絲毫不知道自己的命運馬上要發生多麼大的轉折。因為之前從來沒有見過鐵器，印第安人玩弄哥倫布帶來的刀子不小心劃傷了手指，但這一點鮮血，只是印第安人波折命運的開始。

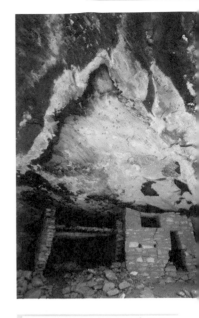

✤ 猶他州荒原上，印第安人的懸崖宮遺跡。

　　印第安人不只是在服飾裝扮上標新立異，他們有自己的語言文化，有自己特有的文明和驕傲。哥倫布在這裡發現了菸草、玉米、番薯、番茄和可可等從未見過的農作物，欣喜地帶回了歐洲，傳播到全世界，這份影響至深至廣，超越了時空的界限，直到今天我們仍然從中受益。印第安人生性奔放，熱愛生活，有著豐富的想像力和細緻的觀察力，創造出了獨具特色的印第安藝術，成為現代美洲藝術發展的基礎。

　　然而他們得到的並不是歐洲人的感激，而是無盡的掠奪和殺戮。殖民者看中了這塊可開發的寶地。16世紀開始，幾千萬的印第安人死在歐洲殖民者的手中，他們的人口數量急劇減少，文化也遭到了毀滅性的打擊。坐著「五月花」號過來的人在他們的土地上建立了新的國家，逐漸成為了美洲的主宰。如今的印第安人零星地散布在美洲大陸的角落，數量已極為稀少。他們寧可住在偏僻的農村、山林，以打獵和放牧為生，平靜地過著與世無爭的傳統生活，如同遠離現代文明海洋的伶仃孤島，卻又無意中成為美洲大陸文化最經典的代名詞之一。

✤ 色彩鮮艷的服裝、插羽毛、塗油彩，是印第安人最標誌性的打扮。

　　生活雖然清貧，卻充滿樂趣。印第安人一如既往地喜歡裝飾自己，在陽光下跳著粗獷的舞蹈，哼著屬於他們的古老歌謠。幾個世紀的顛沛動盪毀滅了他們的家園和眾多先進的文明，但不會磨滅的是那顆熱愛生活的心，追求美好的腳步永無止境。

　　如果你來到美國某個山林角落，遇見了正在翩然起舞的印第安人，上去和他們一起唱吧跳吧。也許生活裡偶爾會有陰天，但是那又算什麼呢，大不了像他們一樣，從頭來過。只要你還熱愛你的世界，前方總是會灑滿陽光。

關鍵詞：《獨立宣言》，7月4日，喬治·華盛頓

Independence Day
獨立日
自由的烽火

美國獨立紀念日像一個帶有紀念意義的符號，任何事件以此符號為標記，便多了幾分神聖莊嚴。7月4日作為美國獨立紀念日，並不是以具體的儀式或勝利而界定的，它代表的是美國獨立戰爭中最具有象徵意義的里程碑式事件——《獨立宣言》的發表。

✵《獨立宣言》文本。

✵一份擲地有聲的《獨立宣言》，宣告了美利堅合眾國的獨立，讓7月4日從此變得不再平凡，永恆地鐫刻於歷史中。

「人人生而平等，造物主賦予他們若干不可剝奪的權利，其中包括生存權、自由權和追求幸福的權利……作為一個獨立自由的國家，我們完全有權宣戰、締和、結盟、通商和採取獨立國家有權採取的一切行動。我們堅定地信賴上帝的保佑，同時以我們的生命、財產和神聖的名譽彼此宣誓來支持這一宣言。」

沒有開國典禮，沒有戰火硝煙，7月4日作為美國國家獨立日，並不是以具體的儀式或勝利而界定的，它代表的是美國獨立戰爭中最具有象徵意義的里程碑式事件——《獨立宣言》的發表。7月4日，美國獨立紀念日，自此印在每一個美國人，乃至全世界人的心中，成為美國人永遠紀念和慶祝的節日。

「五月花」號在喧鬧中靠岸，不同國家的移民融合成了一個嶄新的美利堅。新的大陸，蘊藏著無限生機與活力；新的民族，擁有著激進的思想，大無畏的挑戰和冒險精神。兩下相撞，撞擊出了一股開天闢地的巨大能量，如一道刺目的閃電，撕裂了英國殖民統治的黑

暗夜空。無論貧富貴賤，人人都能追求自由與平等，為了這個上帝賦予人類最基本的權利，殖民地的人們拿起武器，在萊克辛頓打響了第一槍。

從組建大陸軍，到發布《獨立宣言》，再到英國正式承認北美十三州獨立。美國獨立戰爭如同一部波瀾壯闊的戰爭史詩，寫滿了反抗、失敗、勝利與堅持。《獨立宣言》團結並引導了白手起家的美國人，讓他們有了最堅定的理論指導和信念支撐。他們在戰爭中表現出來的英雄主義與犧牲精神，成為最後取得全面勝利，成功建國的根本。

時至今日，《獨立宣言》仍舊在美國社會生活中發揮著重要的作用。無論是廢除種族隔離制度，還是提高婦女地位，現代美國的政治家們只要拿起《獨立宣言》中的重要論點——「人人生而平等」來做思想武器，往往會贏得更多的支持。民主與自由的思想，隨著每一年獨立紀念日的慶祝典禮，深深滲透進美國人的血液。

每年7月4日，生性戲謔的美國人都會不由自主的嚴肅起來。自發的組織各種慶典和歌舞、體育、遊行等活動，形式豐富多彩。全美大小教堂鐘聲齊鳴，而最先敲響的，必定是費城州政廳鐘樓上的自由鐘——據說在獨立宣言簽署之後，就是這口自由鐘率先被敲響，給人們送去了自由的好消息，引發了整個城市震耳欲聾的歡呼。今日再聽自由之鐘響起，更多的感覺是豪邁與凝重，餘音裊裊，幽深綿長，彷彿帶領人們穿越時光，回到那段充滿了硝煙火藥味道的歲月。

獨立紀念日像一個帶有紀念意義的符號，美國人刻意的將很多事業以此符號做標記，1828年修建美國第一條鐵路，1850年為華盛頓紀念碑奠基，全部選擇在美國獨立紀念日這一天破土動工，愛國熱忱與民主理想、國家職能與公民義務，完美地融合於一體，比普通的日子更為正式和莊重，民族責任心與自豪感都得到了最大程度的激發。

歷史早已塵封，而英雄卻可以在每一個熱愛他們的人心中，得到永生。就像那些領導了美國獨立戰爭的偉人們：喬治·華盛頓、湯瑪斯·傑佛遜、班傑明·富蘭克林……他們卓越的勇氣和智慧永遠被世人銘記和景仰。

沉浸在大街小巷此起彼伏的鐘聲裡，你是否也呼吸到了自由的新鮮空氣，飽含著累累碩果的芳香，浸透了陽光溫柔的暖意。為什麼不縱情地狂歡一次呢，這一刻，我們都是自由的！

✤美國國父——喬治·華盛頓。

✤班傑明·富蘭克林也是一位美國開國史中的重要人物。他並不僅是《獨立宣言》的起草者，當年用風箏引導雷電的勇敢科學家，也是這位可敬的人物。

關鍵詞：美國內戰，《解放宣言》，林肯總統

American Civil War
南北戰爭
自由的歌聲

作為美國歷史上唯一的一場內戰，南北戰爭為我們演繹的是一場美國的「和」。以統一為目的，以恩怨化解為收場。在戰爭中雙方都失去了很多東西，好在還有家園，那是安身、立命、興國的根本所在。過去的就讓它都過去吧，明天又是嶄新的一天。

作為美國歷史上唯一的一場內戰，南北戰爭為我們演繹的是一場美國的「和」。以統一為目的，以恩怨化解為收場。在戰爭中雙方都失去了很多東西，好在還有家園，那是安身、立命、興國的根本所在。過去的就讓它都過去吧，明天又是嶄新的一天。

看過《亂世佳人》電影的人一定不會忘記，那個歷經戰火千錘百鍊的美麗女子高高地抬起下巴，帶著不服輸的倔強，告訴自己：「明天又是嶄新的一天。」一部不朽的名片，不只讓我們認識了費雯麗和蓋博，還透過他們的生活了解了美國歷史上的一個重要的時代——南北戰爭。

當年，年輕的新大陸在談笑間便取得了民主革命洪流中

蓋茨堡戰役是南北戰爭的轉折點，從此南方軍隊失去了戰爭主動權，聯邦軍隊由此轉入進攻。

最徹底的一場勝利。或許上天認為這樣的歷練還不夠磨礪出一個堅韌的靈魂，於是又給華盛頓的後人們安排了另一場艱苦的考驗。1861年，僅僅是建國不到100年的時間，萊克辛頓的火藥味還沒有從美國領土上散盡，這個新生的國家便又陷入了另一場空前的危機。因為交戰的雙方是北方的知識份子和南方的農場奴隸主，所以這場戰爭被稱做「南北戰爭」。

　　歷史的教訓一次次告訴我們，打江山易，保江山難。同胞兄弟反目成仇更令人棘手。好不容易擊退了虎視眈眈想奪取土地的英國人，卻沒想到自家後院還有起火的一天。同樣是美國人，北方的知識份子一心想鞏固革命勝利果實，實現舉國自由經濟制度，而南方的農場主們則打著為自己謀取更多利益的小算盤，抱定了奴隸制這棵大樹不肯鬆手。在美國領土向西部擴張的過程中，每新成立一個州，南北雙方就要為奪取主權和土地爭得不可開交。當代表北方利益的共和黨總統林肯上台之後，這種日積月累的矛盾終於成了一座爆發的活火山，引發了美國的一場動亂。

※林肯總統是美國歷史上最受人敬仰的總統之一。僅僅在南方軍隊投降後的第5天，這位可敬的自由倡導者便倒在了南方極端主義分子的槍口下。

　　戰爭初期南方軍看似勝算十足，他們有著雄厚的財力，傑出的將軍。可惜這都不是一場戰爭勝利的決定性因素。一名優秀的統帥，一個民心所向的政策，都比這些來的更為重要。北方軍隊恰恰具備了這一切。林肯總統是戰爭成就的另一代美國英雄。他在1862年審時度勢，發表的《解放宣言》成了扭轉局勢的關鍵。宣言給予了叛亂諸州奴隸的人身自由。儘管這自由是不為南方政府所承認的，但卻贏得了成千上萬奴隸的支持，堅定了他們投奔北軍的決心。英國工人階級也開始支持北方，阻擋了英國政府妄圖趁火打劫的野心。一時間，人心向背，涇渭分明，北方軍越戰越勇，最終在1865年攻克了南方主力部隊，重新統一了美國。值得一提的是，南方叛軍將領並未受到嚴厲的懲罰。「和」才是南北戰爭最重要的目的。既然已經獲得了統一，那與同根生的同胞兄弟，又相煎何急？

※南方軍隊統帥——羅伯特·李將軍。雖然南方人輸掉了戰爭，李將軍卻以其出眾的指揮才能和高尚的人格而受到了全體美國人民的尊重。

　　或許，這場戰爭本就沒有真正的勝利者，混戰之後，人們變得幾乎一無所有，如同電影裡最後的郝思嘉，煢煢孑立。

　　但那又有什麼要緊呢？郝思嘉還有她的莊園，那是她自小長大的土地，千千萬萬白手起家的美國人也是如此，他們都和郝思嘉一樣，可以驕傲地揚起下巴，因為他們還有腳下這片充滿活力的土地，有土地就是有希望。

　　回到那裡，一切都會好起來的。

搜索地標：華盛頓

White House & The Pentagon

白宮和五角大廈

歲月風雲

白宮和五角大廈代表了美國全部的政治，它們靜靜地迎來送往一批又一批的過客，誰又能說得清楚，那聖潔的珍珠白色，空靈的五邊形構造，究竟承載了多少沉重的歷史，蘊藏了多少未知的秘密，永遠是大街小巷津津樂道的話題。

對於普通民眾而言，白宮與五角大廈幾乎就是神聖與神秘的結合體，莊嚴與莊重的代名詞。

「白宮」的名稱起源於西奧多·羅斯福總統。當年為了掩飾被英軍火燒過的痕跡，這裡被粉刷得通體潔白。白宮的建築風格是開國總統華盛頓打下的基調。因為總統是國家僕人，所以他的居所不能豪華，必須要寬敞、堅固、典雅，給人一種超越時代的感覺。但遺憾的是，直到華盛頓卸任，白宮只是初具規模，喬治·華盛頓成了美國歷史上唯一一位沒有入住過白宮的總統。

作為一國之總統官邸，白宮在外表上顯得輕靈雅致，像是帶有英式風格的鄉間別墅，與它在歷史長河中起的重大作

❋白宮並非富麗堂皇的宮殿，外表雖無甚特別之處，卻是200多年來美國總統的辦公和生活居所，作為美國政府的代名詞，如今已深深扎根在全世界人的頭腦中。

用形成了極為鮮明的對比，只有屋頂高高飄揚的星條旗昭示了這個建築濃重的政治意味。但怎麼看白宮前的草坪都更適合在午後陽光下舉行一個別具情調的社交派對，而不是軍樂隊與紅地毯掩映下兩國元首縱橫捭闔的握手。

相比文雅的白宮，美國另一處國家歷史標誌，1943年落成的美國國防部所在地——五角大廈絕對稱得上輝煌的豪華大手筆。空中俯瞰下去，正五邊形的構造創意獨特，實際上這種設計的目的絕非出於美觀或奇特，只是基於可利用的土地面積和建築形狀的限制，正五邊形被認為可在占地面積、容納人數各方面達到最佳組合，這種規劃讓人領略了一把美國大兵嚴謹的務實作風。

❋白宮前的拉法葉廣場上，有安德魯·傑克遜總統的雕像。

作為國防部的代名詞，五角大廈比白宮還多籠罩了一層神秘色彩。也許美國又往哪裡出兵，也許有什麼新式武器或戰略計畫投入使用，也許那個五邊形裡邊在進行著什麼不為人知，卻關乎人類命運的研究與爭論。人們不單發揮最為天馬行空的想像力去編織一個個近乎科幻的神奇故事。而他們對於白宮的好奇探究卻並不完全基於政治，而是帶著很多八卦的意味。正是因為白宮的居家色彩，在普通民眾的心裡，淡化了它的政治身分。提起白宮，大概人們想到更多的是總統牽著小狗在草坪上漫步的其樂融融之景，這遠比一場新聞記者會生動得多，親切得多。

一個個主人來了又走，一個個時代風雲變幻，白宮與五角大廈靜靜地迎來送往一批又一批的過客，溫馨也好，嚴厲也罷，它們始終身處世人目光的焦點，永遠不會被遺忘。

❋五角大廈的建造共花費8,700萬美元，可供2.3萬人辦公。

搜索地標：紐約市

Statue of Liberty
自由女神
自由照耀世界

一個多世紀以來，自由女神堅定地屹立在紐約自由島上，表達著美國人爭取民主、嚮往自由的崇高理想，讓人們即使在暗夜中也能看到前進的希望，永不退縮，永不畏懼。

不管紐約的白天黑夜有多麼燦爛，哈德遜河口總是有一點橘黃色的亮光，微弱卻執著地跳動著，穿越重重豔陽與點點星河，吸引著全世界的目光。這就是著名的自由女神。

美國不愧是個移民國家，甚至連自由女神這位最著名的居民都不是本土人士。雖然已經成為紐約著名的城標，乃至整個美國自由精神的象徵，但她實際上是位地道的法國移民。1876年，女神被法國作為獨立100周年的禮物送給美國，自此在紐約安家落戶。只要稍微熟悉她的歷史，便不難理解，為何她飽滿的面龐滿含慈愛，她秀美的身姿充滿自信。法國雕塑師巴托爾迪耗費10年的時間，完成了這件傳世之作。這座雕像凝結著他全部的心血，女神的容貌設計以雕塑師的母親為原型，而高舉火炬的右手則是以他妻子的手臂

✴高舉著象徵自由的火炬，自由女神已在紐約自由島矗立了一個多世紀。

為藍本。雕像的每一個曲折的線條都蘊含著雕塑師濃濃的愛意，這大概是人類歷史上最溫馨的藝術品了。

女神身高46公尺，以金屬製成。她面容堅定，目光炯炯，望向遠方，右手高擎象徵自由的火炬，左手捧著《獨立宣言》，腳下是打碎的鐐銬，象徵了推翻暴政的約束及對自由的追求。

當年，美國人民用煙花和禮炮的最高規格迎接自由女神的到來，彷彿心中那個對民主和自由嚮往的夢，終於有了一個生動具體的形象。對美國人尤其是成千上萬的美國移民而言，她高舉的手臂給所有的人注入了一股蓬勃的力量，激勵著他們實現自我。

一個多世紀過去了，對自由的追求永遠不會停止。自由女神依舊俯瞰著腳下虔誠的子民，你可看到她堅毅的表情裡透出的慈祥？就像基座入口處鑴刻的猶太女詩人愛瑪·拉扎露絲的詩句那樣，接納眾生：

歡迎你，
那些疲乏了的和貧困的，
擠在一起渴望自由呼吸的大眾，
那熙熙攘攘的被遺棄了的，可憐的人們。
把這些無家可歸的、飽受顛沛的人們
一起交給我。
我高舉起自由的燈火！

❈ 設置在岸邊的望遠鏡，為人們瞻仰小島上的女神提供了極大的便利。

❈ 女神身著古希臘風格的服裝，頭頂上戴著光芒四射的冠冕，七道伸向四面的尖芒代表著世界上的七大洲四大洋。

搜索地標：南達科他州

Mountain Rushmore

拉什莫爾山（總統山）

向偉人致敬

儘管偏安一隅，但4位總統的名聲實在是太為顯赫，早就衝破了南達科他州的界限，將全世界的遊客都吸引到了拉什莫爾山山腳。4位與山融為一體的巨人，在此得到了永生。

站在南達科他州的拉什莫爾山山腳，空氣中似乎流淌著一種不容褻瀆的莊重，連呼吸都變得格外小心翼翼起來。

一抬頭，4個巨大的人面雕像在山體上正面無表情地俯瞰著你，彷彿是一群巨人正在打量一個貿然闖入聖地的小矮人。不要惶恐，這4個人絕對有做巨人的權利。他們就是美國歷史上4位最著名、最偉大的總統：喬治·華盛頓、湯瑪斯·傑佛遜、西奧多·羅斯福和亞伯拉罕·林肯——他們代表了美國自開國以來150年的歷史，在美國乃至世界歷史上都享有重要的地位，只有他們才有資格登上這個高度，接受如此膜拜。

建造雕塑的初衷其實只是為了促進南達科他州的旅遊業，然後才是崇拜與紀念，這商業之舉卻成就了南達科他州

☩與偉人對視，感受著他們非凡的思想，緬懷不朽的豐功偉績——4位偉人用這樣一種方式得到了永生。

的無上榮光。雖然偏於一隅，但是這幾位總統的名頭太過響亮，聲名遠播，早就眾所周知。拉什莫爾山乾脆被人們稱為總統山，成了美國文化中的一個重要象徵。

這裡到處都分布著花崗岩石山峰，質地堅固，十分適合雕鑿如此巨大的工程。總統雕像作者——著名雕刻家博格勒姆初見拉什莫爾山曾驚嘆道：「美利堅將在這條天際線上延伸。」雖然這句讚美過於抽象，難以檢驗，但美國最偉大的總統卻正是在此立起來了。他用了14年的時間，在山岩峭壁上鑿出了4個高達20公尺的、世界上最大的人面雕像，令世界為之驚嘆。

昔日荒涼的花崗岩峰頂上，如今雄踞著美國4位最偉大總統的面孔。雕像依山而鑿，與山石混為一體。每張面孔都栩栩如生，線條堅毅深刻，輪廓分明，神態端莊凝重，頗為神似，將偉人們的面容生動再現。每天旭日東升之際，位於東南山坡的總統頭像都能迎接到清晨的第一縷霞光，在朝暉照耀之下，光彩奪目，氣勢恢宏。在通往雕像區的山腳下，蒼松翠柏團團簇擁，道路兩旁豎立著十幾根柱子，美國各州的州旗分別裝飾在大理石飾面的方柱上，象徵美利堅合眾國的國體，為這裡平添了許多莊嚴氣象。

如今的總統山每天都能接待成千上萬的遊客。南達科他州從旅遊業中得到了實惠，世人的懷古幽思也在此得到抒發。看看這裡的車牌，就知道他們為此有多麼自豪了：GREAT FACES, GREAT PLACES（偉大的面孔，偉大的地方）。世界上還能有哪個地方能擔當此名呢？擁有獨一無二的總統山，難怪南達科他州有這麼驕傲的口氣了。

✳總統山稱得上是全美國最壯麗的人造景觀，拉什莫爾山借此一下成為世界旅遊勝地。

搜索地標：洛杉磯

Hollywood
好萊塢·永不落幕的電影王國

這裡天天都有最精彩的大戲上演，因為這裡是好萊塢，這個名字本身就是一齣不會落幕的戲劇。它還是一個燈紅酒綠的名利場，一個愛恨情仇的娛樂圈，一個無法複製的電影王國。

最精彩的大戲天天都在上演。歡迎來到好萊塢，一個燈紅酒綠的名利場，一個愛恨情仇的娛樂圈，一個無法複製的電影王國。

提起美國好萊塢，人們的第一反應必定是獨霸全球的電影產業，美女帥哥成群的超級巨星。而作為一個地理名詞的「好萊塢」反而被人忽略了。它算不上一個城市，只是加州洛杉磯市的一個區，位於市區西北郊，有30萬常住人口。由於它太負盛名，這個沒有市政府的小地方甚至還要專門選出一位「榮譽市長」，作為官方代表出席各種儀式。這裡分布著很多早期的電影製片廠，現在已成為美國電影的博物館。還有數十年歷史的老電影院，現在它們是巨片首映或奧斯卡頒獎的地方，集萬千光環焦點於一身。作為近百年來美國影視工業的核心地區，「好萊塢」已經成了美國電影的代名詞。

每一個標誌的樹立都不會是偶然的。好萊塢天氣晴朗，經常是陽光明媚，風和日麗，柔和的自然光最適合拍攝不過。加州風景多姿多采，視野遼闊，便於取景，所以美國的電影工業選擇了好萊塢，並始終忠於他們的選擇。20世紀初，諸多的電影公司從紐約和紐澤

西遷到此處。1911年,第一個電影製片廠——內斯特影片公司在好萊塢開業了。1923年,今日好萊塢象徵之一的白色大字——HOLLYWOOD高高地樹立在好萊塢的後山坡上。在蒼翠的青山背景中,9個白色的大字極為醒目,非常招搖,每個字的高度是13.7公尺,像一個驕傲的風向標,自此掌控起美國乃至全世界電影的陰晴冷暖。

　　米高梅、派拉蒙、華納兄弟、哥倫比亞、20世紀福克斯……一個個耳熟能詳的大公司都選擇在此落戶,成千上萬的夢幻製造者緊隨而至,看電影的人把目光轉向這裡,幻想成為大明星的年輕男女們……也都開始了自己新一輪的尋夢闖蕩。富有經濟頭腦的大亨們雄心勃勃地要開創自己的影業帝國……好萊塢的地位日益鞏固,發達的攝影技術、先進的行銷手段、創造力豐富的製作團隊、魅力四射的演藝明星,如乾柴遇到烈火,蓄勢待發。星光大道已經被希望點亮了,今夜星河璀璨,好萊塢風暴即將征服世界。

20世紀30年代，好萊塢的電影進入了第一個鼎盛時期。當時彩色片還未大規模普及，電影還是黑白片的世界。朦朧的光影搖曳，黑與白強烈的色調反差，在樸素中多了一份震撼人心的力量，灰色層次的巧妙變化傳達著微妙的心理內涵，那些婉約的美麗、細膩的傷感全都被放大化、具體化了，讓銀幕前的我們感同身受。好萊塢在時代前沿時急時緩地前進著，人人都在為之瘋狂。有的想擁有財富、有的想引領潮流，有的要在星光大道上鐫刻下自己的名字，不同的夢想、追求、打拚、血與淚交織。流星一道道劃破夜空的寧靜，而觀眾們只能看到銀幕上的動人風光。

彩色片在四五十年代的時候出現了，好萊塢再次主導了電影界的革命。鮮豔的視覺享受打破了黑白片的單調與沉悶，衝擊著觀眾的感官神經。朦朧的意境美被清晰的影像美所代替，銀幕因為有了顏色而變得流光溢彩，活潑靈動起來。好萊塢進入了一個百花齊放的年代，影迷的幸運時刻到來了。文藝片、音樂片、懸疑片、戰爭片、動作片、科幻片、西部片、史詩巨片……無論是尋常人家的一顰一笑，還是歷史長河中的一枝一葉，皆可被製作人編成優秀劇本，搬上銀幕，題材豐富多樣，迎合了不同欣賞口味的觀眾。明星永遠是好萊塢最亮麗的風景，他們是電影界百年難得的奇葩，在好萊塢的聲色光影中徐徐綻放，將不同的魅力、不同的性格特徵融合到了那個年代的電影裡。大量堪稱經典的優秀影片在這裡誕生了，即使在今日依舊感動你我，好萊塢的影響越來越深入地觸及整個世界。電影帶來的是最全面最直接的教育，喚醒我們的感官、激發我們的情感和啟迪我們的

✲今日的好萊塢是美國的一個文化中心，也是世界電影之都，多少人在這個繁華的舞台上來了又走。

❀好萊塢高地廣場是一個大型的娛樂購物中心，2001年在這裡建成的柯達劇院，被定為奧斯卡頒獎典禮的永久會場。

思想，讓我們感受全部實實在在的生命，去體驗電影裡虛擬的悲與喜，而那些故事裡都可以找到我們自己的影子，誰說我們只是為虛擬的生命與情感過程歡喜傷悲？以至於人們總是固執地認為，好萊塢的經典已經隨著時間靜止在那段黃金時代，即使是現在的好萊塢自身也無法逾越。今日的電影固然擁有頂級的導演、編劇、明星，大氣磅礡的場景，逼真絢麗的特技，最高明的表現效果與拍攝手法，不惜血本的大手筆投資，我們也看到了一幕幕光鮮亮麗故事。然而歲月的浮躁已經或多或少烙下了印記，那份曾經觸動心弦的出塵之美也變了味道。

或許，經過歲月的沉澱與錘煉之後，再回頭看我們今日所經歷的一切，才會知道我們究竟在追求什麼，才會發現經典本是無處不在，尤其是我們靈魂深處。

台下我望，台上你做，那是每個人都要做的戲。舊日的溫暖你可還記得起？

❀環球影城是環球公司在好萊塢建起的主題公園，在這裡可以體驗到許多環球巨片的驚險場景。

搜索地標：紐約

Broadway

百老匯 · 音樂之聲

百老匯在現代的含義絕不僅僅是一條街道或者一個劇院集中地，它代表的是美國戲劇藝術的精粹，是音樂界膜拜的藝術聖堂，只要有百老匯的存在，紐約永遠是世界娛樂的先鋒。

✦雖然全長只有25公里，但是道路兩旁卻密集的分布着幾十家劇院。「百老匯」泛指在這個區域內進行的演出。

即使對戲劇一知半解的人，一提起《歌劇魅影》、《貓》這些著名音樂劇目，也能對其中那些經典段落略知一二。在紐約的一條街上，這些美妙的旋律每天都被吟唱著，這裡就是百老匯。

Broadway，寬闊的街，這便是百老匯本來的含義。不知是誰當初做的翻譯，將這個音譯的名字也取得活色生香。海納百川的藝術，老而彌堅的經歷，匯天下歡歌熱舞，這就是百老匯——現在它已經不僅僅是一道寬街，而已經成了美國戲劇活動的代名詞，美國文化中一個歌舞升平的符號，甚至是整個西方戲劇行業不可逾越的巔峰。

❀許多音樂劇演員獲得最高成就的標誌，就是讓自己的名字出現在百老匯大街五光十色的霓虹燈廣告上。任何一齣戲只要在百老匯的劇場成功演出，立刻就會名動天下。

從紐約市巴特里公園開始，由南向北縱貫整個曼哈頓，這條街就是地理概念上的百老匯。這裡集中了全世界最頂級的音樂劇表演陣容，每天都上演著全世界最受歡迎的劇目。每年都有幾百萬來自世界各地的遊客到此來聆聽天籟。今日的紐約成為世界娛樂的先鋒，百老匯功不可沒。

百老匯的音樂劇都是高雅的，但卻絕對不是曲高和寡的陽春白雪。不失自然的誇張、隨意而為的輕鬆，是百老匯一貫秉持的演出風格。能夠登上百老匯舞台的演員都是首屈一指的超級明星，既能歌善舞，又擅長表演，他們用動聽的歌聲、整齊的舞蹈支撐起了百老匯藝術的骨架。財大氣粗的百老匯在硬體方面也煞費心思，每一場劇的布景都是富麗堂皇，現代化的燈光照明手段令整個舞台流光溢彩，為精彩的表演更添恢宏與夢幻。在熱烈奔放的氣氛中，演員與觀眾達到了最默契的交流。

❀世界上再沒有任何一條街道能這樣讓人充滿浪漫的幻想。

百老匯對於優秀文化是兼收並蓄的，沒有一定之規，只要是他們覺得新穎優秀的藝術，能讓觀眾耳目一新的劇目，都可以拿來搬到百老匯的舞台。全世界音樂劇藝術的精粹都已集中於此，所有來紐約的人都要聆聽過百老匯的歌劇才算不虛此行，在這條用歌聲和舞步構築的道路上，光榮與財富，天才與激情，歡笑與淚水的劇目每天都在上演。看「白色大道」上的燈又亮了，五顏六色的霓虹燈閃爍著一個個不朽的夢想，豪華的帷幕已拉開，全情投入，屏住呼吸，今夜無人入睡。

搜索地標：加州

*D*isneyland
迪士尼樂園
世界上最快樂的地方

百看不厭，流連忘返，迪士尼樂園的奇妙具有包容一切的神奇魅力，它的神異令人永遠無法忘記。各種遊戲與表演帶給玩家的是刺激到極致的體驗，這裡是瘋狂的天堂，是世界上最快樂的地方。

這世界上只有一隻老鼠能做到過街時不被人人喊打，正好相反，它所到之處全都是鮮花與掌聲的海洋。創造這個奇蹟的就是米老鼠——美國迪士尼的招牌明星。

不知道有多少孩子都經歷過那樣的時刻：坐在電視機前眼巴巴地盼著動畫片《米老鼠和唐老鴨》開演；流連在米奇專賣店裡恨不得將這裡所有的小東西洗劫一空；在洛杉磯、東京或者香港，軟磨硬泡父母帶自己去那裡的迪士尼樂園瘋狂地玩個夠。即便是已經長大的年輕人，仍然可以看到他們帶著米奇的配飾，背著米奇的包包，穿著米奇的衣服，像孩子一樣樂此不疲。迪士尼絕不僅僅是一隻老鼠的動畫，或者一座兒童遊樂場，它已經成為人們心目中一個童趣盎然的經典，一個屹立不倒的娛樂品牌，一個多元化發展的產業王國。

然而米老鼠之父、迪士尼王國的創始人，華特·迪士尼當年的日子卻過得實在不怎麼風光，最艱難的時候，他甚至只能住在一個破舊的倉庫裡，忍受著饑餓和寒冷。連原本藏在角落裡的小老鼠都可以大搖大擺地跑出來叼走他的一點點食物。迪士尼看著這隻膽大包天的老鼠唯有苦笑，隨手在草稿紙上給牠畫了一幅速寫，寥寥幾筆，卻栩栩如生。沒想到，這隻老鼠竟然就是日後鼎鼎大名的米老鼠的原型。

天才難免有落魄的時候，但他們在蟄伏之後往往都能獲得巨大的成功。華特·迪士尼顯然是一個藝術與商業的雙重天才，不然怎能在不長的時間內將一個偷食的小老鼠美化成了全球家喻戶曉的動畫明星，受到所有人的歡呼與熱愛？

✹迪士尼動畫中的第一大明星，當然非米奇莫屬。總在他身邊形影不離的，還少不了傻裡傻氣卻忠誠得不得了的獵犬布魯托。

除了憨厚可愛的外表,他賦予米老鼠還有它性格中的樸實善良、真誠勇敢、如鄰家男孩般的熱心腸。這個小傢伙也成就了迪士尼,將他的大名傳遍世界每個角落。

幾十年裡,迪士尼從簡單的動畫形象,已經覆蓋到了動畫電影製作、玩具圖書服飾商品、電子遊戲和傳媒網絡。但要說起它最大的成就,也是給全世界熱愛迪士尼的人帶來的最興奮刺激的體驗,當然要數千千萬萬孩子們戀戀不捨的天堂──「迪士尼樂園」。

現在世界上一共擁有5座迪士尼樂園,位於美國洛杉磯的加州迪士尼是全球第一個,開主題公園之先河,是當時世界上構思最精心巧妙、設施最完備先進的遊樂場。它在1955年正式開業,耗資1700萬美元,僅僅是營業一天就需要2500名工人進行工程和環境維護。50多年來,它帶來的滾滾財源早已數不清將成本翻了多少倍,每年都能吸引幾百萬遊客到此盡情玩樂,有童趣盎然的孩子,也有童心未泯的年輕人。不分年齡、不分國家,迪士尼的大門是對所有人都敞開的,在這裡,每個人童年的美好夢境都成了真,我們都能是驕傲的王子和公主。

❋花車遊行是迪士尼樂園最盛大的狂歡項目。

❋每到晚間,樂園內都會有盛大的煙火表演。燦爛華美的煙火點燃了又一個不眠之夜。

　　樂園的外形就像一座豔麗的童話城堡，讓人在大門口就
已產生了彷彿王子騎著白馬迎面而來，公主困在高高的塔樓
上等待營救的畫面。走進大門，也走進了一個用童趣和幻想
編織的聖堂，自己就是那個夢遊奇境的愛麗絲，很快便匯入
歡樂的人海。

　　一座精緻的小巧城堡裡，匯集了迪士尼故事最具代表性
的情節。隨便找個窗口好奇地望去，睡美人的床榻餘溫猶
在，紡錘也在不知疲憊地轉動著，只是不知道伊人芳蹤——
原來每個窗口都通向一個經典的故事。眾多迪士尼裡的卡通
形象全都逼真地出現在眼前了。白雪公主肌膚勝雪，秀髮如
雲；中國姑娘木蘭一身戎裝，英姿颯爽；灰姑娘踩著玻璃鞋
鑽進南瓜馬車，去赴一個金碧輝煌的約會……最經典的米老
鼠和唐老鴨則頻繁出現在每個大銀幕畫面和路邊的雕塑中，
看得人眼花繚亂，在隨意一個景點都盤旋良久，不忍離開。
即使是路邊一個普通的小賣店，也被設計成活潑可愛的小馬
車造型，為了博遊人開懷一笑，可謂用心良苦。

　　整個樂園共分為4個主題遊覽區。「冒險世界」綜合了亞
非與南太平洋原始地區的異域風情；「西部邊疆」展示的是
美國西部邊陲的牛仔故事，其中的霹靂過山車是最受追捧的
熱門遊戲；「童話世界」將迪士尼童話中的場面情景再現，

✳米老鼠和他漂亮的女朋友米妮。

玩家可以置身其中，親身體驗；「未來世界」則帶人穿越時光，徜徉高科技的未來王國。

當遊客還沉浸在遊戲裡難以自拔的時候，著名的迪士尼花車遊行則將歡樂的氣氛推向頂峰。大道兩邊早就擠滿了占據有利地形的觀眾，興奮的尖叫如海浪此起彼伏。終於，歡快的音樂響起了，碩大的遊行花車緩緩駛來，後面跟的是載歌載舞的隊伍，迪士尼的大牌卡通明星們坐在車裡悉數亮相。憨態可掬的維尼、威風凜凜的獅子王、手持魔法棒的小仙女、聒噪的唐老鴨……它們都在向遊人招手致意，華麗的服裝在太陽下閃閃發光。壓軸出場的當然是米老鼠和他的女友米妮，整個樂園都沸騰了，音樂的鼓點變得更加鏗鏘，各色霓虹彩燈閃爍，煙火開始綻放，隨著音樂的節奏飛得越來越高，璀璨到無以復加。我們的靈魂幾乎隨著煙火飛騰起來，到處都是發自心底的開朗和歡樂，迪士尼樂園已經成了一座沸騰的天堂。

在這裡，我們永遠是一個長不大的孩子，那個最受寵愛與呵護的孩子，可以盡情歡笑，放肆喊叫，無所顧忌地撒嬌，不遺餘力地去搶奪那支心愛的棒棒糖。原來我們的心底，都還包藏著一個無憂無慮的願望。

搜索地標：紐奧良

Jazz
爵士樂

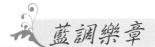
藍調樂章

剛 柔並濟的風格，具有穿透力的聲音和五花八門的樂器，糅合成了爵士樂巨大的震撼力。它帶著顯著的美國特色，但卻屬於全人類。因為人類的情感本就是共通的，在聽完一曲藍調之後我們才發現，竟然還有和我們的心靈如此契合的旋律。

✻ 自由、純粹、隨意、搖滾是爵士樂的靈魂所在，震撼人心的音效，奏出迷幻的旋律，帶著幽靈般的魔力，如一首抒情的長詩，道出人心底最隱秘的心事。

窗 外的雨絲飄起來了，時而激昂時而沉悶地拍打著玻璃，奏出一個雜亂的樂章。屋內，杯中的紅酒徐徐盪漾出一團魅惑的豔麗，香菸的煙霧裊裊升騰，隔著煙靄看去，朦朧中老唱機的唱針劃過了一圈又一圈，爵士樂的旋律慢慢地流淌開來，舒緩、悠揚又帶點憂傷，將雨滴都染成了淡淡的藍色。夜幕很會抓時機地降落，將一切明媚與華麗都吞噬，香菸紅酒還剩一個暗淡的剪影，只有爵士樂還在低低吟唱著，聲音雖不大，卻撞擊著每個聆聽的心靈。

這樣臆想中的浪漫場景包含了最適合爵士樂存在的幾種

要素：別具情調、午夜迷茫、沉思冥想，寂寞寧靜、頹廢憂傷……爵士樂是美國文化的標誌符號之一，帶著顯著的美國民間特色。其實它本起源於非洲，在不到100年的時間裡，它竟然從非洲民間不起眼的調子發展成為美國本土化的最有分量的藝術形式之一，並不僅拘泥於美國本土，漸漸為全世界人傳唱、聆聽和演奏。爵士樂又細分為多種音樂種類，包括富於節奏和層次感的咆哮樂，靈活輕盈的搖擺樂……如百花爭鳴，各具特色，吸引了不同類型的聽眾。究竟是一種什麼樣的魅力和精神，打動了這些不同語言不同膚色的人呢？

❊演奏爵士樂的號手。

與傳統音樂相比較，爵士樂獨特的發音方法和音色，就像一道閃電撕破了之前略顯沉悶的流行樂壇。歌手的演唱極具穿透力，有的甚至還加上了嘶吼和吶喊作為調劑，動人心魄，樂器花樣的繁多更是給人帶來全新的感受，貝斯音色沙啞，淺吟低唱；薩克斯風綿遠悠長，竊竊私語；小喇叭聲調高昂，激情亢奮，這種繁複的組合，將含蓄與狂放，野蠻與柔和，激昂與憂鬱巧妙地糅合在了一起。

時尚一族喜愛爵士樂的調子，因為華麗的樂章營造出一個感性的氛圍，在音樂的包裹裡他們品味著屬於自己的歡樂憂愁，他們偏愛的晦澀與憂鬱的氣質在薩克斯風婉轉細膩的曲風裡散發得淋漓盡致。但爵士樂又不僅僅是婉約的，急促的鼓點散發的是粗獷的魅力，加速著血液的流淌，青春的燃燒，我們彷彿突然間插上了翅膀，隨著音樂翱翔，找到了生命中一種永恆的自由。無論是堅強還是脆弱，你總是能在爵士樂中體會到讓你深深依賴的情愫，百鍊鋼遇繞指柔，爵士樂就是這樣一個充滿矛盾的「怪」東西。

早期的爵士樂並未留下過什麼紀錄，那些偉大的樂手們將永生的音樂帶進了天堂，人世間留下來的，只有紐奧良、丹佛這些與爵士樂息息相關的地方，讓後世的人只能沿著一個似曾相識的音符，尋找先行者的足跡。

❊紐奧良是爵士樂的發源地，在這個充滿非美國式的異族奇情的城市裡，街頭的爵士樂表演仍是隨處可見。

當爵士樂響起的時候，心也駛向懷舊的港。那麼多年的漂泊動盪、曖昧感傷全都停泊在當年那個暖暖的午後，只記得紐奧良漂白的陽光。靈魂的城池轟然陷落，記憶兜兜轉轉，卻總是出不來，不得解脫，唯有救贖。音樂像一隻無形的手召喚著我，送來一份似曾相識的溫暖與感動。我心依然，被撥動的總是那塊最柔軟的老地方。

關鍵詞：美國西部，叛逆，浪漫，開拓者

Cowboy
牛仔傳奇
馬背上的英雄

他們不是夕陽下百步穿楊的俠客，但他們同樣是一群馬背上的英雄。哼著屬於牛仔的歌謠，在草原上縱馬馳騁，玩的就是一個自由豪邁，無牽無掛，無所畏懼，他們是灑脫不羈的牛仔。

提起美國的牛仔，人們腦子裡總是會浮現一個經典畫面：頭上帶著既帥氣又野性的氈帽，身上穿著破舊粗獷的皮衣，腰裡別著左輪手槍，並且一定要是左右各一把，遇到危險可以雙手拔槍射擊，然後還要輕輕地吹去槍口的青煙，一臉的沉靜從容。但這般瀟灑的英雄往往又是寂寞落魄的，即使是微笑都透著陳年的寂寥與滄桑，決鬥完畢後，他騎在馬背上孤獨的離去，天地間拉出一個長長的身影，煢煢孑立，最終消失在夕陽金黃色的光暈中。

世人對美國牛仔的印象幾乎全部來自以德州為代表的美國西部巨片，那黃沙彌漫的荒涼小鎮上，總是有英勇的牛仔劫富濟貧，性格也總是狂放不羈，似乎全世界的一切都不放

❀隨著美國文化開始滲透全世界，牛仔的形象也就更加的深入人心，成為美國文化的代表之一。

在眼裡，動不動就掏出槍來解決問題。六連發的左輪手槍和一匹高頭駿馬是他們安身立命的必備工具，同時更是須臾不離的親密夥伴。

其實美國的牛仔如同中國古代的俠客一樣，被最大程度地詩意化和英雄化了。真正的美國牛仔生活並不像電影裡展現的那樣，帶有強烈的個人英雄主義色彩。崇拜英雄的人可能會有些許失望，現實中牛仔的真實職業其實就是牧場負責看管乳牛的工人，每天要在戶外騎著馬待上十幾個小時，工作繁重且帶有一定的危險性，隨時都要提防著野獸、強盜的偷襲。所以牛仔一般都備有防身的武器。一個簡單的牛仔的線條被勾勒出來了──穿著休閒隨意，騎馬佩槍，來去如風，瀟灑隨意。漸漸地，西部牛仔被傳揚得神乎其神，最終被搬上銀幕，演化成了西部片裡的英姿颯爽的俠客。

牛仔─Cowboy，這個詞來源於西班牙語。美國最早的一批牛仔就是遷徙到美洲居住的西班牙人的後裔。他們天生奔放熱情，有膽識、有野心，有冒險精神，但比起美國式的直白又多了幾分浪漫，這些都是成為傳奇所必備的催化劑。在此之前美國的畜牧方式都是圈養，而這些牛仔所做的才是真正的放牧。把牛從擁擠的柵欄門裡放出來，讓他們走到遼闊的大草原中，自由自在地漫步，牛仔騎著馬尾隨其後，天高地闊，風吹草低，牛仔們在草場上縱馬任意馳騁，率性而為，這正是最傳統、最純粹的牛仔精神─獨立、自由、叛逆、豪邁。至今在新墨西哥州還有這樣一群「頑固」的傳統牛仔，他們將牛仔的血統和文化一代代的傳承下來，發揚光大。

雖然身處社會底層，但天生積極樂觀的牛仔們仍然執著於牛仔的簡單快樂，帶著一心向前的開拓精神，在有意與無意中不斷完善併發展著牛仔文化，身體力行。看看牛仔褲在全世界有多風靡吧。這本是當年牛仔最常用的制服，現在卻成了永遠不會落伍的時尚先鋒。這條看似簡單、粗糙的褲子帶著牛仔身上獨有的張揚和個性，高高地舉起了風尚的大旗，作為一個鮮明的標誌性的文化符號，風靡全世界，深刻地鑲嵌在現代社會工業文明中。或許它可以稱得上美國對全人類最傑出的貢獻之一了。

雖然他們並不是夕陽下的寂寞高手，但是誰又否認他們確實是馬背上的英雄呢？在原野中縱馬飛奔，追求最大限度自我的精神，總有一天會飛得更高更遠，他們是美國帶給世界的一個不朽的傳奇。

✳在曾經動盪不安的年代，他符合人們對於英雄所有的憧憬和想像，更契合了美國人從骨子裡崇尚的自由和野性之美。

✳一身當年標準行頭的牛仔。

Chapter 2

最美的旅行地

搜索地標：猶他州

Arches National Park

拱門國家公園

上帝的遊戲之作

這片岩拱就像上帝在遊戲時的隨意之作，正是它見證了科羅拉多高原滄海桑田的變遷。每一個高大軀體背後所蘊含的巨大自然力量都深深地震撼人心。石拱終有謝幕的那天，但它帶給人的思考卻綿延無限。

習慣了都市裡鋼筋水泥的四方建築，習慣了循規蹈矩的枯燥生活，如果不是親眼所見，你根本無法想像上帝還會造出這麼一件作品。本是一片荒原，寸草不生，卻似平地裡冒出無數座石拱和上千根石柱，像鯊魚背上的鰭一樣張揚地豎立著，恍惚給人一種錯覺，覺得自己是不是到了火星人的宮殿，因為地球上實在難找這般不合規則的地方。

但你確確實實是站在地球上，這裡就是美國猶他州科

✳名為「北窗」的石拱，是拱門國家公園最有名的石拱之一。

羅拉多高原上的拱門國家公園，獨一無二的人間奇景，以神奇壯觀的岩拱聞名於世。200多平方公里的土地上，2000多個天然形成的岩拱錯落有致的分布著，驕傲地撐起了國家公園的一片藍天。

正是這片岩拱見證了科羅拉多高原滄海桑田的變遷。上億年前，這裡還是一片汪洋大海，沉澱了一層厚厚的鹽層，與砂石混合，堆積成一座座小丘，永遠地留在已經乾涸的土地上。經過億萬年的風吹雨打、地殼變動，鹽分慢慢溶解，砂礫開始脫落，小丘開始分崩離析，偏偏又不甘心徹底離開，而是慢慢出現一個個溶化後的缺口，缺口日積月累，越變越大，形態各異，終於形成了今天這般奇妙的石拱群，也算是大海在這裡存在過後留下的永恆印記。

❋除了無數石拱，林立的石柱亦是拱門國家公園滄海變桑田的一項印證。

拱門國家公園的面積並不大，但想完完整整看清每個石拱絕非易事。那高大軀體背後所蘊含的自然力量震撼人心，讓每處景色的存在感都變得更為深邃沉重，面積有限的公園也隨著廣袤起來。遊客可以選擇不同遊覽方式：徒步、騎車、自駕、攀岩。不同的路線，視角也各不相同，每一種方式都有其獨到之處。

這裡有世界上最大的岩拱——風景石拱，兩端的跨度達到91.8公尺，像一座宏偉的高架橋，卻是任何設計師都無法模仿的天然靈動。兩個大小相似的拱洞比肩而立，構成了精緻的雙拱，從正面看去，像一個巨大的連環套，優雅秀美。遊客喜歡排著隊從它的底下穿過，像是和大自然互動著的遊戲，石拱參天，人如螻蟻。

還有兩塊緊挨著的大石組成了著名的斷拱，突兀的石拱形狀就像兩隻大鳥深情吻別，共同等待不知何時會到來的分離。因為風化嚴重，底部的岩石已搖搖欲墜，拱頂也只剩薄薄的一層，勉強連著，也許哪一天這斷拱就真的斷了。就像旅遊指南上說的那樣：「你見證著一個岩拱的垂暮。」

❋夕陽西下時，千姿百態的石拱與石柱被蒙上了一層鐵鏽色，肅穆林立。

雖然忍受了億萬年的千錘百鍊，沉澱了億萬年的眷戀與不捨，終究有傾塌的一刻，不免為這片荒地又添了幾分悲涼。歲月無情，石拱終有謝幕的那天，但是它帶給人的思考卻綿延無限。它曾經美好的樣子，也必將為世人和歷史銘記，永不褪色。

搜索地標：德州

Baig Bend National Park

大彎國家公園

河中心的國界線

大彎國家公園內大部分的面積都是沙漠，一條界河緩緩流淌，灌溉了峽谷和綠洲。

大彎國家公園內大部分的面積都是沙漠，一條界河緩緩流淌，灌溉了峽谷和綠洲。落磯山脈的一個分支也從園中經過，沙漠、高山與峽谷巧妙的結合為一體。

「大彎」是德州最大的國家公園，與墨西哥接壤，隔著一條河遙遙相對。河中心便是國界。因這界河在公園裡拐了個將近90°的大彎，公園便以這個俏皮的彎來命名，聽上去煞是有趣。

公園內大部分的面積都是沙漠，只有界河流過的地方還有峽谷和綠洲。公園西部的荒漠上充滿了火山運動的遺跡，當年這裡也曾是地殼異常活躍的地方。五顏六色的火山灰與沉積岩凝固成了現在的山丘。而地熱噴泉的泉眼卻被砂石堵塞住了，早已成了噴泉的化石。走在路上，踏過的是截然不同顏色的地層，經常隨著道路的彎曲而看到整個景觀的變化。

公園東部的荒漠相對單調很多，滿眼是遍布的仙人掌，夏天雨季時草叢裡也許會躥出一隻大蜘蛛。對很多熱帶動植物而言，這是它們所能生存的最北端的極限，而這裡又是候鳥為躲避北方嚴寒所遷徙的最南端。南與北的交匯，帶來的是更為豐富的動植物資源。

或許因為身在邊界，雖面積廣闊，參觀人數卻相對稀少。動物們落得清淨，悠然地享受每一天。

❋落磯山脈的一個分支——奇索斯山也從這裡經過，大彎國家公園成了沙漠、高山與峽谷的巧妙結合。

搜索地標：內華達州

*G*reat *B*asin

大盆地

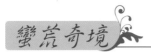
蠻荒奇境

雖是與世隔絕，大盆地內卻別有洞天。山脈、荒漠、峽谷、高原、盆地，這種奇妙的組合越來越讓人好奇。

大盆地其實並不完全是盆地，美國西部科迪勒拉山系中，一系列南北走向的山脈及期間點綴的盆地共同構成了大盆地國家公園，四面的山巒與高原將它層層圍裹著，天然的屏障幾乎令它與世隔絕。

　　山艾樹叢自海拔1200公尺的盆地底部頑強的爬上去，一直生長到近4000公尺高的惠勒峰。它是內華達州的第二高峰，峰頂的景象極為壯觀。一條蜿蜒的小路曲徑通幽，延伸到一片狐尾松林，這竟然是世界上現存最古老的樹木，難怪如此的仙風道骨，孤絕清奇。大盆地中還有很多種類的高山植物及野生動物種類，經常可以看到美麗的大角羊漫山遍野跑來跑去，巨大的羊角在陽光下閃著驕傲的光。

　　雷曼洞穴是世界上著名的石灰岩洞穴之一，坐落於惠勒峰的低坡。洞裡的世界如一個地下仙境，秀麗壯美。地下水塘、波浪狀的鐘乳石帳幔、卷曲石和格狀的石柱將地形變得格外錯綜複雜，但每個角落都有引人入勝的奇景。

❋河流湖泊在盆地間緩緩的流淌著。雖是與世隔絕，大盆地內卻別有洞天。山脈、荒漠、峽谷、高原、盆地，這種奇妙的組合越來越讓人好奇。

搜索地標：北卡羅萊納州

Great Smoky Mountains National Park

大煙山國家公園

霧中仙山

籠罩在薄霧之中的大煙山如一塊未經雕琢的璞玉，寂靜卻恆久地散發著夢幻般的魅力。或許她的景色並不夠令人驚豔，但是豐富的自然物種才是大煙山最寶貴的財富。它們都佐證著300萬年來這片土地的滄海桑田。

藍霧——這個名字來自於古老的切羅基族印第安人。在阿帕拉契山脈的南部，田納西州和北卡羅萊納州的交界處，由於濕氣過重，森林蒸騰出大片的水蒸氣，水霧滯留在山谷中，久久不散。大煙山國家公園就隱匿在這彌漫的「藍霧」後面。

這裡的山林高大茂密，山林上空常年飄蕩著一層淡淡的薄霧，大煙山藏在薄霧中，時隱時現，即使站在山中，仍然有一種不知所在的曠遠之感，仙風道骨，頗為神秘。大煙山便由此得名，帶著幾分風雅。

阿帕拉契山脈似一道天然的屏障，阻擋了遠古的冰川，也減少了種種人為的開發破壞。地形的優勢使得這裡保存了很多古老的物種。大煙山的地貌特徵、生物演化進程和物種的複雜多樣性，都使大煙山成為世界上最好的自然保護區之

✳大煙山長約87公里，東接藍嶺，阿帕拉契山脈的一些高峰幾乎全部匯集於此。

一，它生動地記載了300多萬年前地球發展歷史上的一個重要時期。1983年，大煙山國家公園被列入《世界遺產名錄》。

大煙山的森林覆蓋率在95%以上，一進山觸目所及都是綠色，原始森林占了40%。隨著海拔增高，植物群落也發生明顯的變化。山地上部是加拿大冷杉和雲杉為主的針葉林，只有它們才能在山頂的高寒氣候中生活得怡然自得；到了中下部就變成了枝繁葉茂的闊葉林，參天蔽日，陽光只能從葉子縫隙透過，灑下一片細碎的金黃；到了山麓地帶，高大的櫟樹、松樹、鐵杉、銀鐘花樹、七葉樹、黃樺混雜。據說這裡的樹木一共有130多種，除了林木，還有其他的數千種植物，單是花卉就有1500多種，每到春夏之季，妊紫嫣紅一片花海。而到了深秋，紅葉漫山，一片片一層層，流光溢彩，繽紛絢爛，說不盡的萬種風情。待到了冬季大雪封山，漫無邊際的一片白茫茫，所有生命都在雪下靜靜蓄養生息，只待來年又一次激情綻放。

大煙山的動物種類也是多種多樣，包括最著名的美洲獅和黑熊。熊是印第安人的神靈，也是大煙山的標誌。大煙山南麓至今還有一塊切羅基族印第安人的保留地，也是黑熊出沒的地方。公園內的山溪水流裡，魚兒和兩棲動物歡快地游來游去，岸上是爬行動物穿梭如織。許多物種在世界上都是絕無僅有的，這些物種與在太平洋對岸發現的動植物有著千絲萬縷的關聯，這證明了在某個地質變動時期，各種生物通過大陸橋從亞洲向美洲的遷移，千變萬換，都逃不出地球這個巨大的生物圈。

大煙山是絕對禁止狩獵的，動物高於一切，必要的時候甚至會出動警察維持秩序，車輛都要提前熄火，以免動物受到驚嚇。所以在大煙山看到任何動物出沒都不稀奇。只要你不去驚擾它們，大部分時間還是相安無事，和平共處。

大煙山的四季都是旅遊的好時節。綿延的山巒，翠綠的叢林，清澈的溪水，繽紛的野花……僅僅是那城市無法得見的湛藍天空也永遠是吸引我們的理由。這裡的天色隨著雲朵和日光瞬息萬變，一會兒藍色疊成了黛青，一會兒又亮堂成寶石藍，稀薄的霧氣在天地間縈繞著，將人團團包圍，如臨仙境。叮咚的泉水在林裡歡騰著奔過，一草一木一石都沾了水色，活潑起來，和煦的陽光穿過樹叢，帶給人兒時玩鬧的溫暖回憶，沒有激流險灘，沒有懸崖峭壁，一切都是平坦且悠閒的。大煙山每年的遊客數量接近1000萬。人們來這裡都是為了親近最真實的大自然。無論是在茵茵草地上漫步，在

❋在大煙山中盛開的延嶺草。

❋山腳下「大煙山國家公園」的標誌牌。

霧中夕照

✳ 大煙山的夕陽是一道最有名的
風景。斜暉下，山間的霧氣被映
成了一道玫瑰色的帷幕，透過它
看著金黃色的山嶺，直到太陽完
全沉下去，所有顏色都被無邊的
黑暗吞噬。

林間小徑遠足，還是騎摩托在山路上飆車，或者溪邊垂釣，都是再愜意不過的體驗了。

　　大煙山的景色初看上去並無任何驚豔之處，平實的山水畫卷，帶著美國特有的粗獷之風。所以有人提到大煙山，第一個想到的形容詞就是「peaceful」（寧和的）。但大煙山的特色並不是自然景觀上單純的視覺享受。大煙山保持著山林最原始的自然風情，甚至沒有什麼人工開鑿的登山路線，那些狹窄崎嶇的山中小徑，上面布滿了密密麻麻的攀爬者的足印。「世上本來沒有路，走的人多了，也就變成了路。」行走在山野之間，竟能找到開山辟路的樂趣，那反而是在一些過於雄偉的名山大川裡無法體會到的。沐浴在蒼翠氤氳的草色山光之中，聆聽山水生靈自由奏鳴的天籟，人類所有的情感都從約束中釋放出來，這才是投身於廣闊自然山水的真正樂趣。

　　大煙山不但自然遺產豐富，同時也擁有悠久的人文歷史。除了印第安人，蘇格蘭和愛爾蘭的移民者也都看上了這塊寶地，一度在此流連。許多歷史性的建築依然佇立，集中在大煙山的5個區域內，包括伐木工棚、穀倉、教堂、磨米廠和其它各種各樣的戶外建築，依稀還殘留著當年的原貌。看到這些簡陋的房舍，彷彿進入了早期阿帕拉契山南部農民家庭和社區的生活場景。磨盤依舊咿咿呀呀地轉著，多少歷史煙塵已被碾做了時光的碎片，不為任何人停留。

　　晚上是傳統的野營時間，星星點點的營火都亮起來了，供遊人憩息的林間小木屋裡也都透出柔和的光線，大煙山的夜被裝點得溫情脈脈，又情趣盎然。頭頂一輪滿月銀光四射，群山都已沉沉睡去，只有潺潺流水打破沉靜。霧氣似乎又濃了幾分，咫尺相對，眼前竟是模糊。無關風月，原來只是鄉愁，惹得一片寂寥。

搜索地標：佛羅里達州

Everglades National Park

沼澤地國家公園

芳草萋萋的珍禽樂園

一條被草覆蓋的河，從內地緩緩流向海洋。水色燦爛，靜默流淌，這裡沒有沼澤泥潭黑乎乎的恐怖，反而帶著幾分詩意的美感。難怪那麼多的飛禽走獸、海洋生物都把這裡當成了棲息的樂園。

美國的沼澤地國家公園並不是我們頭腦中慣常的那種沼澤的樣子，水草叢生，泥漿遍地，張著血盆大口吞噬深入其中的生靈，對它最確切的、被所有人接受的描述是「一條被草覆蓋的河，從內地緩緩流向海洋。」而美國作家道格拉斯對其更有神來之筆：「沼澤地廣闊無垠，波光粼粼。碧藍閃耀的蒼穹，清風有力地吹拂著，其中夾雜著鹹中透甜的氣味。浩瀚的水面上布滿茂密的莎草，翠綠色和棕色的莎草交織成一大片，閃爍著異彩，草叢下，水色燦爛，流水靜淌。」

沼澤地國家公園位於佛羅里達州南部，占地約5670平方公里，一條水量豐沛的淡水河嵌在廣袤的平原中央，滋潤了一方土地，造就了這種獨特的環境。印第安人稱它為「帕理奧基」，意即綠草如茵的水域。河水的源頭是奧基喬比湖，它向南流淌經過沼澤地，進入佛羅里達灣。茂密的樹林、濕

↑沼澤地壯闊的水沼。

潤的草地為無數的野生動物提供了安逸舒適的家園。國家公園成立後的20多年裡，這裡吸引了大量的動物「慕名而來」，成為美國本土最大的亞熱帶野生動物保護地，還被聯合國教科文組織作為珍貴的自然遺產，列入了《世界遺產名錄》。

沼澤地國家公園也是飛鳥最愛的天堂。這裡棲居著350種以上的鳥類，優雅的蒼鷺，花哨的斑紋蝴蝶，凶猛的禿鷹等珍稀飛禽都在這片天空自由地飛翔。魚兒也留戀芳草萋萋的水域，150多種魚類擺著尾巴歡快地游弋在紅樹林邊緣的淺水中。爬行動物則悄悄出沒於水草和樹叢之間，包括體形巨大的蛇和龜。但這裡塊頭最大的東西要數以短吻鱷為代表的鱷魚群了。短吻鱷體長可達5公尺，美洲鱷通體呈橄欖綠色，十分珍稀，目前沼澤地國家公園是牠們在美國唯一的生存環境。另一種罕見的動物是佛羅里達海牛，牠們性格溫順，形態優美，曾經被認為是傳說中的美人魚。

儘管美人魚的傳說純屬虛幻，但沼澤地國家公園純天然的生態環境還是吸引了絡繹不絕的遊客。沿著河流步行、乘坐皮筏或者獨木舟順流而上，都可以很好地觀察野生動物。茂密的水草叢中也許隨時會躥出一條鱷魚，懶洋洋地打量你，不過不用害怕，這裡的動物老實好客，不會隨便傷害人類。在難以涉足的沼澤部分，還可以乘著高空纜車施施然地飄過，俯瞰下面鳥獸成群。

選一個風和日麗的天氣吧，面向大海，春暖花開。伴著海鳥悅耳的鳴叫聲，在紅樹林邊享受垂釣的悠閒，再沿著林邊走一走，聽導遊講園裡各種動物的故事，細細品味大自然的無盡樂趣。人性的繁複，城市的繁華都恍若隔世，唯有時間如河水，靜默流淌。

❀沼澤地國家公園的水面上星羅棋布地分布著無數低窪的小島。島上長滿低矮的灌木叢、高大的硬木樹林和盤根錯節的攀藤類植物。

搜索地標：南達科他州

Badlands National Park

惡地國家公園

荒蕪外表下生機勃勃

對於探險愛好者來說，這裡有兼具藝術與自然情趣的獨特感受；對於古生物學家來說，從海洋到惡土沉澱下的古生物化石是大自然給予的一筆寶貴財富；而對於印第安蘇族人來說，儘管是他們親口命名的惡地，卻也是他們曾經保衛的家園。它有一個惡名，但絕對是個好地方。

跨越美國南達科他州西南及內布拉斯加州西北，惡地國家公園頭頂烈日，億萬年如一日地荒涼伸展著。

最早的時候，這裡還不叫惡地。一批法國殖民者在此捕獵為生，歷盡千辛萬苦，收穫卻頗為慘淡，無奈之下，稱其為「荒地」。時光荏苒，轉眼又是幾個輪迴，北美蘇族人也來到了這片荒地，這個見慣了險山惡水的印第安部落也被眼前的荒蕪景色震懾住了，乾脆直接將其命名為「巴德蘭茲」，意思就是惡地。惡地國家公園的大名自此廣為流傳。

刀鋒般犀利的山脊、縱橫蜿蜒的溝壑、嶙峋的怪石、一望無垠的沙漠共同組成了惡地國家公園，像是一件巨大的浮雕藝術作品，每一個細微處的錘鑿都充滿嚴謹和莊重。滾燙的空氣營造出視覺的誤差，惡地彷彿在高溫蒸騰中微微顫抖著，被毒辣的日頭烤得冒出絲絲白煙，乍看上去沒有一絲生

傍晚時分的惡地國家公園是尤為醉人的，金色夕陽為雕塑般的大地披上了溫暖的外衣，金色的陰影巧妙地渲染出岩石的稜角，一切都變得宛如夢幻。

命的跡象可尋覓。

但實際它真的惡劣至此嗎？翻開惡地國家公園的歷史你就會看到，雖然背負惡地之名，但人類從未嫌棄過它。越惡劣，越想挑戰。自從新大陸被發現開始，世界各地的探險者就迷上了這塊風貌淳樸，能激發人奇妙自然感受的地方，他們陸續地來到這裡，以親身感受驗證惡地之名。

❋惡地國家公園生活的草原犬鼠。

8000萬年前這裡還是一片淺海，隨著落磯山脈的隆起，海水下的土地抬升，才得以重見天日。水是塑造惡地國家公園的主要工程師，不管是昔日重重海浪，還是今天洶湧的雨水，持續的敲擊與沖刷才形成了今日層層疊疊的地貌。而風為這項浩大的工程提供了原動力，揚起的粗砂和灰塵更是在細節處將岩石用心打磨，配合得恰到好處。看看它們的傑作吧，那犬牙交錯的坡頂，那起伏不平的山地，遠遠望去如同成片的村莊和雄偉的城堡，教堂、穹頂、城牆、尖塔，各式各樣，一應俱全。荒蕪的惡地剎那間便有了生氣，如同漫長旅途中一個可以歇腳的驛站，裝滿了溫暖與希望。

走近惡地，可以看到早期海洋的沉積物，從凝重的灰藍色，到柔嫩的黃和粉，絢麗多彩，提醒人們記住那段歷史。若是在春季，野花也會戰勝乾旱的天氣，暫時冒出頭來，妊紫嫣紅，似是要和彩色的岩層爭奇鬥豔。到了秋天，陽光少了咄咄逼人的熾熱，一抬頭便是碧空如洗，惡地獨有的野牛和叉角羚在天地間悠閒踱步，人融入這畫面，心胸也會變得明朗開闊起來。

❋惡地國家公園各種沉積層鱗次櫛比，呈現出不同的顏色，本來冰冷灰暗的山脊和高地被點綴得五彩斑斕。

對於探險愛好者來說，這裡有兼具藝術與自然情趣的獨特感受；對於古生物學家來說，從海洋到劣土沉澱下的古生物化石是大自然給予的一筆寶貴財富；而對於印第安蘇族人來說，儘管是他們親口命名的惡地，卻也是他們曾經保衛的家園。

面對這樣一塊不會讓任何人失望的土地，你還會覺得它惡劣嗎？拋去名字帶來的成見吧，有一句評價是對惡地國家公園最完美的注解：它有一個惡名，但絕對是個好地方。

搜索地標：猶他州

Capitol Reef National Park

國會礁國家公園

· 沉睡中的彩虹之地

對許多人來說，國會礁也許只是穿越猶他州行
程中匆匆的一站。但一瞥之下，過目難忘。
自然的畫筆，造物的雕琢，逾千萬年而不息，我們
要記得的，唯有自然這驚人的美。

猶他州擁有美國最壯觀的地質地貌，群山連綿千里，峽谷高低錯落，讓遊人目不暇接。國會礁國家公園就是其中一個貫通南北的中間站，雖然面積不大，卻仍在這片崇山峻嶺中脫穎而出，迅速抓住人的眼光。

19世紀中葉，早期的摩門教徒經過這裡，遠遠的發現一道巨大的紅牆攔住去路，莊嚴得令人生畏，宛如大海中的珊瑚礁乍然浮現在陸地上。而峭壁的上方是圓錐形的白色岩層，巍峨高聳，直插雲端，令他們想起了美國著名的國會大廈。「國會礁」的名字由此而來。

❀這塊五彩寶地又被稱為「沉睡中的彩虹之地」。

實際上，國會礁的形成是大陸板塊運動變形的產物。科羅拉多高原經過幾千萬年的抬升，與其鄰近部分逐漸斷裂，造成岩層大規模的扭曲，長期的碰撞擠壓形成了波浪形的褶皺。國會礁正是岩層褶皺的突出部分，綿延達上百公里，橫亙在猶他州中部。荒野上的狂風驟雨打磨著岩層裸露的部分，平行的山脊與深窄的山峽相間，越發險峻奇特。由於本是深層地表下不同質地的結構，現在一同被拱出地面，岩層上很清晰地顯現出不同的顏色，淡紅、乳白、橙黃……層次繁雜，五彩繽紛，像大自然狂放不羈的寫意畫，點綴著枯燥的荒漠，遊人置身其中，宛如進入了一個奇幻洪荒的另類世界。而對於學者來說，這裡就是一個天然的大講堂，豐富的考古學、地質學和生態學研究價值是他們的最愛。

這片彩虹之地早已從沉睡中醒來，人類在此生活的歷史可以追溯到1萬年前。最早是被後世稱為「弗里蒙特人」的原始居民。一些以遊牧為生的印第安部落也曾遷居於此，他們像候鳥一樣沒有停止隨季節遷徙的步伐，卻留下了走過的痕跡。19世紀末，摩門教徒選擇定居於此，他們的建築物經歷千年風霜，還在山谷中倔強地矗立著，代表了曾主宰這裡的另一個時代。最為人津津樂道的是他們當年精心培育的果園，給後世留下了累累碩果，現在已經有專人管理，可以讓人免費入內，盡情採摘，當場品嚐。

❀色彩繽紛的岩層，歷史悠久的人文景觀，都是國會礁出奇制勝的法寶。

不過由於開發尚不完善，國會礁國家公園並未預期接待大量遊客。儘管身負沉重的歲月遺跡和研究價值，對許多人來說，國會礁卻也許只是穿越猶他州行程中匆匆的一站。一瞥之下，足以驚鴻。自然的畫筆，造物的雕琢，逾千萬年而不息，我們要記得的，唯有自然這驚人的美。

搜索地標：懷俄明州

Devil's Tower
魔鬼塔
人與自然，第三類接觸

在好萊塢巨片裡，它是人類與外星人的接觸地，在攀岩者眼中它是值得去挑戰的險境，在印第安人心中它是神聖不可侵犯的聖地。魔鬼塔以多種不同的面貌，激盪起我們心中的敬畏。

🔺魔鬼塔高度近400公尺，巍峨地聳立在天地之間。

在1906年，美國第一個國家紀念碑誕生了，這就是魔鬼塔，一個並不像魔鬼般恐怖，卻有著魔幻魅力的地方。

在史蒂芬史匹柏早期代表作——《第三類接觸》中，它曾有過華麗的亮相，那些腦海中無意識地充斥著圓錐形山體的人們，最終在這裡與外星人進行了親密接觸。一個超自然的科幻故事讓它更顯得神秘莫測。

魔鬼塔的年齡已經超過了6000萬年。上古時期，地心岩漿大規模的猛烈噴發，在空氣中迸射時逐漸冷卻，又經過周圍地形的沉澱沖刷，最終凝聚堆積，成了這座巨大的石山，氣勢逼人。從岩腳仰望，可以看到無數石稜突出，角度凌厲，形成一層層的褶皺，像一位老人臉上飽經風霜的皺紋，給本來圓潤的山體添了幾分險要，但仔細觀察，在結構上又不失均衡與對稱，大自然的設計真是鬼斧神工。

層層疊疊的褶皺與縫隙成了攀岩者的最愛，這個龐大的熔岩山體可以同時容納200多人向上進發，山頂的空地也足夠他們在勝利到達目的地之後舉行一個盛大的慶祝Party。

當然了，他們並不像虔誠的印第安人，將魔鬼塔視為神聖之地，五體投地地虔誠膜拜。但是當眼看著火紅的夕陽消失在被映成紅色的岩石後面，無論是征服者還是過客，心中依然會浮現出某種莫名的敬畏，我們此時的虔誠之心，與那些淳樸的印第安人的本心，並無二致。

搜索地標：亞利桑那州、新墨西哥州交界

Canyon de Chelly

謝伊峽谷

風語精靈的故鄉

謝伊峽谷縱橫交錯的溝壑，就像是納瓦霍族臉上被歲月雕刻的風霜。儘管已經舉世聞名，但這裡還是風語戰士們最寧靜的故鄉。

記得電影《獵風行動》裡面傳奇般的納瓦荷人嗎？現實中的納瓦荷人經歷過二戰的獵風輝煌之後，在美國一隅靜靜生活著。也許他們沒有金錢，但他們絕對是富有者，因為他們擁有美國的奇蹟──謝伊峽谷。

謝伊峽谷橫亙在亞利桑那與新墨西哥州交界附近，蜿蜒曲折，蔚為壯觀。整體呈一個「Y」字形，谷中地勢複雜，砂岩高聳林立、近乎垂直的陡峭。當年納瓦荷人來到這裡時，面對的還是一片廢墟，但很快他們就把這兒變成了自己的風水寶地，世代在此耕種放牧，編織精緻的羊毛毯遠近馳名。

時至今日，謝伊峽谷已經變成了國家公園，卻依舊是納瓦荷人的私有財產，這也正是它與世界上其他峽谷最與眾不同的地方，縱然遊人如織，但他們都對納瓦荷族保持一份崇高的尊敬。

❀謝伊峽谷的峭壁上各種顏色交錯，滿是深深的縱橫紋理，宛如納瓦荷族人臉上被歲月雕刻的風霜。

搜索地標：猶他州

Bryce Canyon National Park

布萊斯峽谷國家公園

岩柱奇觀

布萊斯峽谷是科羅拉多大階梯的制高點。在猶他州粗獷的洪荒景色中它就像一個楚楚動人的異類，色彩斑斕的石柱透出雅致的氣息。如果你一生之中只打算看一個國家公園，那就來這裡吧。

❋布萊斯峽谷是陽光的寵兒，哪怕是在雪後，也依然如此明豔照人。

在深受印第安文化影響的美國大地上，與他們息息相關的景色遺跡隨處可尋。印第安人如一群勤懇的飛鳥，在天空掠過，翅膀蕩起空氣的漣漪，供後人景仰憑弔。布萊斯峽谷就是其中之一，同時它也是飽含奇幻色彩的猶他州萬千洪

荒景色中的一處。但在充斥著野蠻氣息的科羅拉多高原上，它顯然是個異類，風雅、秀美、楚楚動人的特質讓它與周圍的粗獷格格不入。

蒼莽的科羅拉多大地上有一個著名的天然大階梯，海拔高度與外表顏色都不盡相同。從深棕、朱紅、淺灰、粉紅到純白，從大峽谷錫安山一直到布萊斯峽谷國家公園，拾級而上，終於到達了天梯的最頂端。布萊斯峽谷就是最接近天堂的地方。1萬年之前，已經有美洲土著在此居住，安居樂業。

「布萊斯」之名的由來極為簡單，當年曾有個叫布萊斯的蘇格蘭移民在此定居，於是他後院的峽谷就被人順口叫成了布萊斯峽谷，直到國家公園成立，這個約定俗成的名字終於載入了國家史冊。雖然名字有點普通，好在景致分外迷人，海拔又足夠高，不怕被淹沒在猶他州的漫天黃沙之中。

峽谷的稱謂其實名不副實，與大河向東流沖刷出的大峽谷和錫安山不同，布萊斯峽谷不過是龐沙崗特高原東側、受雨雪風霜自然力侵蝕而成的一個巨大凹陷，嶙峋崎嶇的高原地貌，而並非真正地理意義上的峽谷。但這並不妨礙布萊斯峽谷國家公園遊人如織。公園海拔2800公尺，占地約145平方公里，連綿不斷的小山和鬱鬱蒼蒼的平原共存於古老的、赤色的岩壁上，色彩繽紛的岩柱是這裡獨特的自然景觀。

因為此地曾在海平面之下，富含豐厚的礦物質堆積，岩石中含有各種金屬成分，不但影響著岩石的硬度、壽命，也造成了它們外觀上的視覺差異，紅色、橙色、粉色、紫色、綠色、白色交相輝映。其中含鎂的白雲岩風化速度慢，常常被頂在岩柱頂端，像一頂醒目的白色帽子。而火樣的褐岩紅石是最為引人注目的，在豔陽的暖光柔影下，紅色更為絢麗，讓一股暖流在胸膛裡激盪起來。

布萊斯峽谷是岩柱地形最密集的地區，岩柱最矮的只有1.5公尺，嬌小玲瓏；高的則能達到40多公尺，偉岸挺拔，差異懸殊。岩柱群高低起伏，錯落有致，數量之多，形狀之奇都令人嘆為觀止。在雨雪的作用下，現在的岩柱仍在潛移默化地被腐蝕變形，外觀也被塑造得千姿百態。看著它只覺得思緒也飄得無邊無際，彷彿世界上氣勢磅礡的美景都近在眼前。偶爾這密布的石柱像是尖尖穹頂的歐式教堂，再看又是活靈活現的蠟像館。那千軍萬馬的隊伍，是兵馬俑、十字軍，還是羅漢陣？單看奇形怪狀的岩柱則更能激發人們無窮無盡的想像，一千萬個人來看，就會看出一千萬個獨特的姿態。有的像大鱷魚，有的像ET外星人，有的像執手相看的情

布萊斯峽谷的岩柱都是由高原狂風、河流裡的冰與水侵蝕湖床上的沉積岩而形成的柱狀風化岩石。

❋千姿百態林立著的石柱，被譽為「天然石俑的殿堂」。

❋美國《國家旅遊手冊》中曾經說過，「如果你一生之中只打算看一個國家公園，那就去猶他州的布萊斯峽谷吧。」

侶，有的像八仙過海各顯神通，看得人眼花繚亂，如身在仙人點化成的迷宮中，如夢如幻。

古老的印第安人曾將這奇異的岩柱群看做一個神秘的部落，因為得罪了神明而化身石柱，所以這些岩柱又被稱為「巫毒」——這是魔法與邪惡的同義詞。他們固執地相信，這是一群無法變回人形的壞蛋，只能在峽谷裡推推擠擠，承受著神靈降下的生生世世的懲罰。每個石柱裡都隱藏著一個不安分的靈魂。只是如今，這裡早已聽不到任何詛咒，此起彼落的唯有讚美和驚嘆。

現在我們看到的石柱已經經過了億萬年的風化，斑斕的岩石早已被腐蝕得千瘡百孔，但正是這破損之相，反而透出一股淒愴的殘缺之美，震撼人心，催人淚下。舊的石柱日漸老去，坍塌化為齏粉，再堅硬的岩石也難以抵抗時光的摧殘，而新的石柱又在不斷生成，新舊交替是大自然永恆不變的規律。

布萊斯峽谷是一方天然的淨土，不含一絲的污染。它的空氣之清新，也在全美名列前茅，以至《國家旅遊手冊》也對這裡青睞有加。除去自然的風嘯鳥鳴，這裡的寧靜是不被任何不應有的聲響打擾的，完全沒有大都市裡的喧囂嘈雜。在晴朗的天氣裡，視野開闊，上百公里的景色也可盡收眼底，一覽無遺。

等到夜幕降臨時，越發神奇的一刻來臨了——在黑夜的布萊斯峽谷，抬頭便可見3000顆燦爛的星辰，星光漫天，宛如回到了兒時最純真的夢境，而平常的美國鄉村地區不過只看到2500顆左右，所以布萊斯峽谷又成了美國最佳的觀星地之一。

一條狹窄的山間小路，從北向南穿越了公園，如一條連綿的珠鏈，而公園內十幾個參觀景點就是點綴其上的鑽石。「日出點」與「日落點」顧名思義，是欣賞日出、日落的絕佳地；「靈感點」給人從不同的角度欣賞布萊斯峽谷的機會，被自然引發的靈感也層出不窮；道路最南端海拔2700多公尺的「彩虹點」是珠鏈的盡頭，極目遠眺，光影之下有數不盡的赤紅岩柱若隱若現，浩浩蕩蕩，難怪這裡被稱為一座「露天大劇場」，每一根石柱都是一個腳踏實地的演員，在

這個舞台上它們忠實地扮演著自己的角色，從沒有半分懈怠，在這裡一站就是億萬年，將這大戲演繹得動地驚天。人間那些歡喜傷悲、老病生死都已稱不上傳奇，不過是彈指一個剎那。

穿行在峽谷陡峭的岩壁下，頭頂的天忽地變窄了，千年的狐尾松在路旁凜然而立，粗糙的樹皮書寫著千年歲月的磨礪，而嫩綠的新枝又展示了生命的頑強。花旗松也拚命地向上長著，彷彿想衝出峽谷，看看外面的世界。

紅岩綠樹，顏色分明，與藍天黃土，相映成趣。布萊斯峽谷像個天生會打扮的美女，將自己妝點得風姿綽約，清風明月，暮靄晨陽，不過都是它信手拈來的點綴，讓它變得更加雅致俏麗，如科羅拉多高原上一朵嬌豔的奇葩。

以布萊斯峽谷為頂的大階梯，被稱為是世界上保存地球歷史最為豐富的一部巨著。那挺立的岩柱、層疊的溝壑、崎嶇的山巒，都是這部巨著裡最精彩的篇章，給人們講述風雨滄桑的故事，地老天荒的歲月。天書迷離，終我們一生也無法參透它的浩瀚與玄妙。

❋連綿的紅色山崖牽動著思緒起伏，穿越時空，帶來一段迷幻的漂流。

搜索地標：加州、內華達州

Death Valley National Park
死亡谷國家公園

全球最熱的地方

雖是荒山惡水、凶險之極，考驗著人類體能與耐力的極限，但這裡也有其溫情脈脈的一面。死亡谷賦予人類的，是將生與死交融的神聖魔力！

聽上去有幾分讓人難以置信，地球上最熱的地方不是赤道，也不是撒哈拉，而是美國的死亡谷。這個地方如同它的名字一樣，荒山惡水，凶險至極。

死亡谷指的是一片長達160多公里的谷地，隱藏在加州與內華達州交界處的一片山巒之中。這裡常年高溫乾旱，最高溫度曾經到過56.7℃，而年降水量卻連100毫米都不到，恨不得把大地烤出煙來。滾燙的岩石成了天然的烤爐，足夠煎熟一個雞蛋。

1849年，一隊夢想發財的淘金客妄圖從這裡開闢一條捷徑，早日進入加州尋找金礦。但他們實在是小覷了這山谷裡

✳死亡谷是美國陸上面積最大的國家公園之一，同時，它也是西半球陸地的最低點。

惡劣的氣候和險要的地形。一部分人倒下了，將黃金夢和生命都埋在了滾滾黃沙之下；另一部分人則九死一生，僥倖從西部陡崖脫險而出。心有餘悸的倖存者稱其為「死亡谷」，死亡谷之名自此不脛而走，令聞者色變。

其實死亡谷並非一開始就是人間地獄。它在地球上存在的歷史已經有100萬年。早在冰河時代，這個谷地就已是一汪碧水，清爽怡人。但隨著氣候日益炎熱乾燥，毒辣的日頭如火焰般蒸熬酷曬，湖水終於被蒸發得無影無蹤，只留下覆蓋著厚厚鹽層的盆地。僅有的一點降水根本無法形成積水，從此死亡谷便基本與水絕緣。有趣的是，這個盆地現在卻成了死亡谷內的一大景觀，而且還得了一個名字——惡水，不知是不是對這裡曾有過水的紀念。死亡谷與惡水，名字倒是搭配的相得益彰。

惡水是死亡谷中海拔最低處，也是北美洲最低點。舉目望去，陽光下閃著刺眼的光輝，白花花一片，像一個大型露天溜冰場。可離近了一瞧，哪裡有冰雪的影子，反光的正是湖水留下來的那片結晶鹽層。很難有機會在同一個地方看到這麼多的鹽，從地面一直可以延伸到地下幾尺深。雖然地表由於乾旱已經龜裂，但依舊是晶瑩剔透的美麗。

雖然每一絲空氣都散發著險惡的味道，但「死亡谷」這個名字多少還是不公正的，或者說有很大的侷限性。因為這裡雖然是對人類毫不留情，卻一直是小動物安居的天堂。響尾蛇和蠍子在乾燥的地面上歡快地爬來爬去，野驢甩著尾巴悠然橫穿谷地，在牠們身上，死亡谷不再嚴苛，敞開了寬容的懷抱，變得溫情脈脈。即便是對於人類，死亡谷也並非一味拒絕。這裡是美國著名的愛德華空軍基地和太空實驗的場所，人類還利用終年不斷的強風，在此蓬勃興起了高科技風力發電產業，讓一方民眾得以受益它無窮的自然資源。

眾多遊客選擇在盛夏季節慕名前來，親身感受它的熾熱，更有探險者用馬拉松來挑戰自身的極限。死亡谷就像人類一個強大的對手，激發了我們無盡的潛能，在與它較量的過程中體驗到無窮樂趣。夜幕如同巨大的面紗，死亡谷在其背後被乖巧地籠罩，如夢如幻、萬籟俱寂，靜得幾乎不真實。人融入這片最原始的景色，不再為險山惡水而感到恐懼，從容的品味死亡谷帶給我們的靜謐。

❋只有看得久了，才會發現死亡谷也並非冷酷無情。夜幕降臨後，酷暑消退了幾分，皎潔的月光如水傾瀉，雪白的鹽層泛著清冷的光，天上人間，遙相輝映。

❋樂此不疲的探險者們留下「到此一遊」的「信物」，給沉寂的死亡谷帶來了不少生氣。

搜索地標：華盛頓州

Mount St.Helens Volcano
聖海倫斯火山 · *火山大變臉*

揚露天動地的爆發，一次代價慘重的災難。聖海倫斯火山永遠失去了它引以為傲的白色雪頂。大自然是個高明的整形師，毀滅的同時亦在創造。能這般切身感受大自然的變臉之作，何嘗不是一種幸福？

❋1980年的大爆發，讓聖海倫斯火山山頭足足被削低了幾十公尺。

股白色的蒸氣從聖海倫斯火山口緩緩噴出，乳白色的煙霧繚繞在白雪覆蓋的火山口，高達上百公尺，最終隨風散向四面八方。沒有大規模的強勁噴射，這讓所有的人都鬆了一口氣。

在美國西北部卡斯喀特山脈的火山群落之中，聖海倫斯火山並不是最雄偉的，它的海拔只有2500多公尺，形成於4萬年前。按照火山的地質年齡，還正值青春年少，只能算是個毛頭小子。但它卻凝聚了世人相當高的關注程度，每一絲異動都會引發人們新一輪的不安。因為這個毛頭小子上一次不知天高地厚，躁動的太過猛烈，把自己引以為榮的美型轟得不留痕跡。沒有人希望那山崩地裂的場面再次重演。在1980年之前，聖海倫斯火山是以它優雅秀美的姿態受人矚目的。

它的山體形態勻稱，山頂呈圓錐形，尖尖聳立，因常年覆蓋積雪，遠遠望去就像給山頂帶了一個白色的雪冠。因為外形相似，有人把它稱為「美國的富士山。」也許是因為不甘心總是被當做富士山第二，聖海倫斯火山竟然從123年的沉睡中甦醒過來，給自己來了個徹徹底底的大變臉。1980年開始的幾個月裡，它一直在隆隆作響，發出低沉恐怖的吼叫聲，火山上空不時出現堆積的水汽和灰雲，人們已經預見到它可能的發作，卻無論如何也想不到，那是怎樣的一場災難。

5月18日的清晨，聖海倫斯突然出現了有史以來最強烈的悸動。先是一場5.1級的地震給了人們一個下馬威，方圓160多公里開外的地方都能感受到大地的震顫。緊接著，伴隨「轟隆」一聲震天巨響，火山爆發了。煙塵鋪天蓋地，剎那間天空一片漆黑，形成了高達數公里的蘑菇雲，混雜著大量火山灰的灼熱氣體自火山口噴湧而出，如一根高聳的柱子插向天宇。火紅的熔岩裹著泥漿，形成了一條滾燙的火山河，張著血盆大口吞噬了前行路上一切障礙物。周圍森林被濺落的岩漿引發了熊熊大火，難以控制，農田也瞬間化做不毛之地。雖然早做了疏離準備，但由於來勢太過猛烈，還是有部分沒來得及離開的居民被淹沒在滾滾火山河中。

這場大爆發不但給人們留下了慘痛的記憶，也讓聖海倫斯火山自己付出了沉重的代價。引以為傲的雪冠在爆發時被轟得無影無蹤，遠望去已成了圓形頂，底部中央留下了一個深深的噴發孔。時間已經過去30年，聖海倫斯還會時不時地加重呼吸，吐出幾口煙霧，讓人們緊張一陣子。儘管沒有什麼大的動靜，但人們始終不敢放鬆戒備的眼神。正是它告誡我們，永遠不要小看任何一座活火山。現在這裡已經建成了美國國家火山紀念地，忠實地保持著火山噴發後的自然風貌，供遊人觀瞻。雖然這裡隨時都可能成為火山噴發的危險地帶，但誰也不願錯過目睹火山奇景的機會。

大自然是個高明的整形師，毀滅的同時亦在創造，你能說它哪一款作品就是最好呢？能這般切身感受大自然的變臉之作，何嘗不是一種幸運？那就不要強求，任他隨性而為吧，去留隨意，寵辱不驚，才是最美。

✲30年對於火山漫長的生命來說，只不過是一個剎那。卻足夠它周圍被毀壞的綠樹與花草獲得新生。

搜索地標：加州

Yosemite National Park

優勝美地國家公園　地如其名

優勝美地以秀美的山谷、壯觀的瀑布聞名於世，它是美國西部最美麗、參觀人數最多的國家公園之一，也是全世界攝影和繪畫的最佳地點之一。多少人帶著相機和畫筆不遠萬里至此，想把這人間難得的美景定格。

「**優**勝美地」從字面上就概括了這裡的本質——以秀美的山谷、壯觀的瀑布聞名於世的優勝美地國家公園，的確是優勝於其他諸多地方的美麗景色。

優勝美地位於加州東部的內華達山脈上，「優勝美地」在印第安語中的意思是「灰熊」，這種體形巨大的動物是當地土著的圖騰。1000多年以前，北美印第安人就已在這片廣袤的

土地上繁衍生息。早在1864年，林肯總統將這裡劃為予以保護的地區，所以優勝美地山谷也被視做現代自然保護運動的發祥地。現在這裡是美國西部最美麗、參觀人數最多的國家公園之一，也是全世界攝影和繪畫的最佳地點之一。世界各地的人們不遠萬里來此欣賞它奇蹟般的美麗，帶著相機、畫筆，試圖將這人間難得一見的美景定格在照片或者畫卷上。

　　優勝美地山谷是國家公園的心臟，從山谷穿過，就能發現各式各樣隱含的瑰寶。冰川、河流、地震、火山共同努力的結果，才打造出了今日這片藝術結晶。在上個冰河時期，這裡被冰河覆蓋，大地的造山運動永無停息，冰川切削，地殼翻騰，地面被無情刨蝕著，岩石脆弱的部分早已被滑動的冰塊磨蝕掉，山谷被割出了一個深深的U型。這座U型深谷有近15公里長，900公尺深，最寬處卻只有1.5公里。兩旁的峭壁上到處可見冰川打磨的痕跡，冰河把花崗岩切削得那麼深，一道道的峽谷好似歲月給優勝美地留下的傷痕。巨大的花崗岩造型奇特，歷經了幾世不朽，成了地球上絕無僅有的地質沉積和侵蝕標本，屹立了多少個千年。

在3條觀光公路的匯合處，設有兩座瞭望台。這裡視野極為開闊，是觀賞U型山谷的最佳地點，「半月丘」的曼妙身影尤為清晰。當年冰川運動的巨大力量，如一把利斧將一個花崗岩山頭齊刷刷削掉了一半，形成了最著名的「半月丘」，它高出谷底1500公里，鶴立雞群般醒目，成了優勝美地山谷最鮮明的主題，最突出的標誌。

不同的季節，不同的天氣，半月丘如一個千面女郎，呈現著不同的醉人風情，時而嫵媚，時而優雅，時而妖冶，多少人每天在這裡支起三腳架，就是為了能將它最極致的魅力定格在底片上。日落前的時刻是攝影師的最愛，而那短暫的最佳光線是很難把握的，人們只有幾分鐘的時間去捕捉大自然的靈光一現，等待天邊的斜陽散發出自己最獨特的光輝。

花崗岩石是構成優勝美地的基礎，除去半月丘之外，教堂石、螺旋石、三兄弟石等都是這裡的名勝。優勝美地最獨特、最吸引人的景觀之一，便是巨大的花崗岩崖錐。差不多隔一兩千公尺，就可以看到一個斜倚在岩壁上的崖錐，它們都是山體滑坡時，由山崖上崩落的巨石形成，有90～150公尺高，像座小山一樣矗立著。由於年深日久，有的石頭上布

YOSEMITE NATIONAL PARK

✽優勝美地國家公園豎起的標誌牌。

滿了灰綠色的苔蘚，有的石頭上只有坑坑窪窪的疤痕，那是千百年來風雨侵蝕的印記。保存最完好的部分卻明亮得像平滑的鏡面。

水是優勝美地國家公園的另外一個靈魂所在。穿行在優勝美地山谷裡，隆隆的水聲總是不絕於耳。最大的優勝美地瀑布分為3段，自山頂俯衝而下，總長739公尺，名列世界十大瀑布之一，更是北美瀑布高度之首。它的水量充沛，四濺的水花形成一片薄霧，在陽光下幻化出一條綺麗的彩虹。其他的瀑布水量或大或小，有的清秀，有的豪邁，各占一種風情，爭奇鬥豔，動人心魄。

不止這天上的神來之水，連地上的涓涓溪流也情趣盎然。它們不知疲倦地行進在同樣妙趣橫生的山谷中，日復一日，從不停歇，以桀驁不馴的能量展示著它們的秀美與活力。遇到山石阻擋，清澈的水流便被撞擊出美麗的漩渦，轉出無邊的詩情畫意。

流連在這個人間的優美勝地，一個眨眼，一個回眸，便已恍若隔世，心中的琴弦被緩緩撥動著，奏出最婉約的音調。在山水之間專注地入戲，抬頭時依稀見你清澈的眼眸。

搜索地標：懷俄明州

Grand Teton National Park

大堤頓國家公園

遠離塵囂的人間仙境

大堤頓國家公園是美國「最秀麗的國家公園」。連綿起伏的群山是這裡巍峨的標誌，委婉動人的水色又勾勒出溫柔一筆，山水相映，如舒展開一幅巨大的畫卷，綺麗嫻靜，美景醉人。

從踏上大堤頓山的那一刻起，你就已經享受到了和美國總統一樣的待遇。當年柯林頓總統在大選之前選擇了這裡作為度假地，兩耳不聞窗外事，故意避開共和黨正如火如荼的全國代表大會，悠悠然享受此處的湖光山色，將心態調整平和，如隱居在沒有政治紛擾的世外桃源，收穫了一個難得寧靜的假期。

完美保留著大自然原始形態的大堤頓國家公園確實是一個與塵世喧囂隔絕的好地方。如果你也有大大小小的煩惱，不妨暫時拋開，到這裡享受一下與大自然的親密接觸。不要擔心耽誤正事，看人家柯林頓總統，離開後不還是照樣拿下大選，贏得連任？沒有什麼比快樂輕鬆的心情更重要了。

大堤頓國家公園面積雖然不大，卻享有「最秀麗的國家公園」美譽。它坐落在懷俄明州的西北部的冰川山區，與黃石國家公園毗鄰。乍一看去，彷彿橫貫美國的整條落磯山脈的景致都被濃縮在這小小的公園裡。整條山脈有20多座山峰的海拔都超過3000公尺，像一個巨人集中營，傲然俯視著懷俄明州大片的平原。海拔最高的大堤頓峰高達4131公尺，是巨人之中的首領，在眾山之間也極為引人矚目。大堤頓山的山尖神似天主教堂尖尖的穹頂，從湖面直插雲霄，蔚為壯觀。山脈間還分布著上百個高山湖泊，清澈透明，如一把璀璨的珍珠散落。

✿大堤頓最大的特點就是山
巒疊嶂，是一個由大大小小
的山峰組成的高山群落，在
這裡最賞心悅目的風景，便
是從不同的角度欣賞這些高
山的雄偉與壯麗。

通往大堤頓山的路上，兩旁的景色已經不是街道和房屋，而是曠野和草原。大堤頓山正把我們引向美國西部特有的狂野奔放。突然，開闊的平地上出現了一排高大的雪峰，山體在夢幻般的雲霧中若隱若現，只能看見隱約的山頂雪冠和大片遮罩的白雲，卻更增加了它的神秘，讓人恨不得馬上飛過去一探究竟。

漸漸地接近了，淡淡的霧氣還在面前繚繞，開滿野花的碧綠草原一眼望不到邊，反射著耀眼光芒的是明鏡般的湖水，而巍峨的雪峰依舊還是朦朧的影子，就像大海中驟然升起的嵯峨島嶼。

終於走到了山腳下，雲霧褪盡，空氣變得分外澄明，伴著原始山林特有的草木清新芬芳，沁人心脾。千山萬壑都從雲霧遮罩下走出來了，雄偉的高山似突然拔地而起，所有隱秘的面紗一下子都被掀開，大堤頓山如一面壯麗的屏風，矗立眼前，再也沒有遠觀時的欲拒還迎，那種咄咄逼人的氣勢如此真實——原來這裡是峰巒起伏，別有洞天。每一座山峰都是那麼的挺拔俊美，嶙峋突兀的岩石恰到好處的勾勒出山峰滄桑的線條，常年不化的積雪點綴其上，如銀白色的玉帶纏繞其間，嫵媚多情。

同它的鄰居——著名的黃石公園一樣，大堤頓國家公園的地貌也是冰與火共同作用的產物。看來越是矛盾衝突的碰撞，越能激發鬼斧神工的創造。當年滾沸的火山岩漿侵入寒冷的冰川，冷與熱互相交織，一同堆砌出今日的高山險峰。岩層核心的石頭已經有25億年的古老歷史，足以笑傲蒼穹，但山峰本身與其相比卻是非常年輕的，距今不過500萬～

✿「大堤頓國家公園」的標誌牌。

800萬年，不僅遠遠落後於落磯山脈5500萬年的歷史，就算是和鄰近的黃石火山比起來也是小字輩。

公園裡有幾條觀光公路貫穿南北，沿途可以欣賞到冰川與峽谷親密依偎，湖水倒映著碧空萬里，飛瀑傾瀉，溪水長流，與剛毅冷峻的雪峰形成鮮明對照，成群的美洲野牛、麋鹿和羚羊在林間遊蕩。大堤頓山東部集中分布著一系列大大小小的湖泊，都是遠古冰川時期遺留下來的冰河，湖水來自於高山溪流或冰雪融水，清澈見底，卻也寒冷刺骨。最大的一個天然湖泊是長26公里、深130公尺的「傑克遜湖」。與其他

GRAND TETON
NATIONAL PARK

冰湖不同，傑克遜湖的水源來自於匯流了黃石國家公園南半區溪流的蛇河，所以不僅僅具有觀賞價值，還為西鄰的愛達荷州農業灌溉發揮了舉足輕重的作用。

珍妮湖是大堤頓山中最美麗的湖泊。遊人們都會不辭辛苦地趕到這裡欣賞美國西部的日出景色。同樣湛藍的天空與湖水連成一線，沐浴朝暉中的巍峨群峰被鍍上了一層燦爛的金色，氣勢輝煌，帶著暖洋洋的色調投映在平靜的湖水中。山、水、藍天、陽光，色彩搭配的既鮮明又柔和，一切都是那麼寧靜安詳。偶爾輕風拂過，水面蕩起些許漣漪，水紋波動，山影被攪碎了，這時才彷彿剛剛分出哪個是山，哪個是影？

大堤頓山壯觀的山峰吸引了眾多的登山遠足者。不止美國總統可以來此度假，任何一名普通遊客現在都能沿著大堤頓國家公園規定的遊覽路線，或坐車或徒步飽覽秀色。

景不醉人，人已自醉。舒展開這幅嫻靜的巨大畫卷，你與山水纏綿成詩一般的景致，恍惚間飄然出塵。即使多年後，它們亦會與最適當的時候躍然而出我的記憶，給予我們那時所需要的平靜的慰藉……

這，便是旅行的意義。

❋這裡群山的自然生態保持得相當完好，宛如童話世界中的仙境。這裡鮮明的色彩也是攝影師們的最愛。

搜索地標：美國/加拿大

Waterton Lake

華特頓湖

和平的象徵

身處美國和加拿大的國界，卻沒有人為的分界線，華特頓湖將美國和加拿大的自然美景連接的渾然一體，如同落磯山脈上一頂璀璨的王冠。和平與合作，在這裡得到了最好的詮釋。

宛如一幅油畫般的華特頓湖區，是大自然用百萬年的時間和心力雕琢出的珍貴藝術作品。

華特頓湖最大的意義並不是它優美的風景，而是它的存在連接起了世界上第一座國際和平公園。自然的美麗超越國界——在美國與加拿大邊界，這一點得到了最好的詮釋。

隔著華特頓湖，加拿大華特頓國家公園與美國冰川國家公園遙遙相望，同樣冰肌玉骨的美麗，同樣享譽世界的名氣，渾然一體的生態分布和自然景觀相映生輝，吸引著全世

界絡繹不絕的遊客。1995年，聯合國教科文組織將兩個公園列為人類共有的世界遺產，並稱為華特頓—冰川國際和平公園，由加拿大和美國共同管理。此舉並不僅僅是簡單的促進兩國的友好關係，而是用實際行動強調了原始自然環境的國際化趨勢，為全世界保護自然遺產所進行的必要合作樹立了一個良好的典範。人類本就該盡情地享受大自然之美，而不是去製造人為的界線將其一分為二。

❀華特頓溫婉嫻靜的氣質正好符合了「和平象徵」這個意義久遠的身分，讓人的心也平息了諸多嘈雜。

華特頓湖是一個冰蝕湖，它的歷史可以回望到第四紀冰川期。堅硬的山岩遇到了更為堅硬的對手，那就是無處不在的冰川，寒意充斥了整個世界，冰川刻蝕了山岩，隨處可見岩壁陡峭，底部卻是寬闊的冰川峽谷。千年的冰雪融化成水，匯集成湖，堆積在谷底。這就是今日風景秀麗的華特頓湖。

僅僅是一個相逢的照面，已經沉醉於她遺世獨立的脫俗與靜謐。明淨無塵的湖水中倒映著四周稜角分明的山峰，皚皚的積雪點綴著寬闊的河岸，空氣清新，涼爽的微風迎面撲來，白頰鴨正緩緩游向盤根錯節的樹樁。多種多樣的生物群是這裡的一大特色，似乎小動物們也格外偏愛這個模糊了國界的和平之處。湖區內有250多種鳥類，240多種魚類，上千種昆蟲。包括美洲熊和美洲野牛這樣珍稀的哺乳動物也時有出沒。華特頓湖用海納百川的寬廣胸懷接待了這些小生命，將整個湖區變成了一個熱鬧非凡的生物天堂。

史上遺留的3000多處冰川遍布湖區，處處可見當年被冰河侵蝕的U型山谷，陡峭的山壁間可見星星點點的碧綠草原，那是冰河融化乾涸後留下的印記。飛流直下的瀑布如白線懸掛在半山腰上，彌漫起水霧迷濛。總長超過1500公里的河川

❀華特頓湖的美麗並不張揚，卻總是在不經意的時刻突然就深植人心。

溪流環繞在華特頓湖周圍，叮叮咚咚的水聲奏出纏綿的樂章，華特頓湖當然就是那曲如夢如幻的主旋律。

一點點暈染、沉澱，華特頓湖永遠讓你玩味無窮，所有冷漠的防線都逐漸褪去，於湖光山色中得到真正的放鬆。

沒有界線，無拘無束，這是我們共同擁有的財富。還有哪個地方能有自然如此慷慨的贈予呢？讓心中的籬笆牆快快倒塌吧，這裡就是真正的自由！

搜索地標：奧勒岡州

Crater Lake

火山口湖 ·天上之水純淨無雜

火 山口湖中的水藍紫相間，高貴且深邃，如一個大家閨秀淡然展示着自己出塵的美麗。只有「幽靈船」不疾不徐，悄無聲息地掠過水面，為安靜的湖面帶來了幾分空靈與神秘。

美洲當地土著人中流傳著一個古老的傳說，在很遙遠的過去，群神相爭的年代，地球之神拔起了一座山，把它當做武器扔向自己的敵人——地獄之神拉奧。高山墜地，勢不可擋，拉奧被永遠封印在山下，巨大的衝擊力將地面砸出一個洞，地下水翻湧將其注滿，成為一個浩瀚的湖泊。

這裡就是美國奧勒岡州梅扎馬山的火山口湖，它長近萬公尺，深589公尺，是全美國最深的湖，在全世界也能排名第七。土著人堅信它是地球之神的傑作，他們不敢直視火山口湖，因為那是對地球之神的冒犯，會帶來厄運。

其實擁有移山倒海力量的並不是傳說中的神，而是大自然這個神奇的魔術師。大約7000年前，這裡還是一座雄偉的火山。山坡上覆蓋著厚厚的冰川，一直延伸到山腳，長達19公里，如同一層牢固的鎧甲。然而面對自然的力量，原以為堅不可摧的鎧甲，終於也分崩離析。一次巨大的火山噴發炸掉了山頂，山體崩塌部分形成了巨大的空洞，被融化後的冰川填滿，再加上常年風化侵蝕，火山口日益擴大，日積月累的降雨補給著水量，便形成了特有的「火山口湖」。

想來是天上之水純淨無雜，又沒有地面紅塵之水往來叨擾，火山口的湖水顯得格外明淨清澈，能見度達到41公尺。湖水呈純粹的寶藍色，湖面平靜無波，如一塊巨大的藍寶石鑲嵌在群山之間。

湖面上散布著一些零星的小島，那是火山經過多次噴發後形成的火山錐，最大的高出湖面部分可達213公尺，島上杉林茂密，野花叢生。也有一些火山錐沒有根基，只是一個孤零零的小島飄盪在湖面上，這種小島被稱做「幽靈船」，不要被這個名字嚇倒，其實它不過是些熔岩碎屑堆積而成，體積雖小，卻也花草俱全，就像是造物主為了點綴湖面而隨手扔進去的幾株盆栽。

陽光下的湖水非常耀眼，藍中透紫，藍紫相間，顯得更加高貴、深邃。對很多人來說，這迷人的藍紫色都是生平未見，大部分時間湖面都是很平靜的，如一個大家閨秀淡然展示著自己出塵的美麗。只有「幽靈船」不疾不徐，悄無聲息地掠過水面，為火山口湖帶來了幾分空靈與神秘。

你可願意，把自己的心事，交付這一池碧水？最純淨的湖水，最無瑕的寶藍，還原你心中最真實的一個夢想。縱使時光飛逝，高山化成清泉，我心依然。

❀山腳下「火山口湖國家公園」的標誌。

❀火山口湖被山體包圍，是完全封閉的，沒有進水河流，也沒有出水口，完全依靠天然降水來維持水量補給。

搜索地標：佛蒙特州

Vermont
佛蒙特州・都市的後花園

再 也沒有其他的地方能像佛蒙特州這樣，每一個季節都是一首蕩氣迴腸的交響曲，每段旋律都帶著炫目的顏色。與光怪陸離的大城市相比，它就像是一個美麗繽紛的後花園，讓人賞心悅目，沉醉其中。

✤佛蒙特的格羅頓湖秋色。

還 記得那部經典的童話電影《綠野仙蹤》嗎？除了曲折的情節，可愛的人物，給人印象最深刻的就是美輪美奐的田園風光。大片大片開闊的綠色原野，五顏六色的點點野花，金色的大道直通向傳說中的奧茲王國，那裡就是幸福和希望。

不要以為這是只有童話裡才會出現的場景。如果你來到美國的佛蒙特州，就會發現童話中的王國原來就在眼前。佛蒙特是美國的第14個州，位於美國東北部，與加拿大接壤。州名來自法語，意思是「青翠的山嶺」，所以佛蒙特州也被稱為「綠嶺之州」。但它並不僅僅有綠色的山脈，還以香醇的奶製品、甘甜的楓糖漿和激進的政治而著稱。1777年這片

土地上曾經建立起一個獨立的共和國，簽定了北美洲的第一部憲法，成為整個北美大陸的先行者，叱吒20年之後才併入了美國。寧靜的田園生活顯然並沒有泯滅血液裡不安分的因子，佛蒙特州獨立超然的政治態度延續至今，在很多重大問題上始終堅持激進，即便是引發了巨大的衝突也毫不退讓，聞名於整個美國。

山巒起伏，大河奔騰。在佛蒙特州，一向不按規則出牌的大自然突然收斂了不羈的個性，變得格外溫順起來，分布得中規中矩，溫和柔順——這裡所有的山河都是南北方向，依次排列，極為整齊。若從飛機上俯瞰下去，綠色的大地如同被打了幾道分割線，界限分明。綠山山脈貫穿南北，如一條翠綠的青蛇盤臥，將全州一分為二，東側是廣闊平緩的康涅狄格河谷，西側是狹窄細長的錢普倫湖。錢普倫湖原本是一個大海灣，後來因淤塞而慢慢縮小，最終形成了今天的淡水湖。1609年法國探險家率先進入此地，湖水便以它的名字命名，後人早已經將這片美麗的湖水開發得淋漓盡致。佛蒙特州幾個規模頗大的城市都分布在它周圍。

說是城市，但與美國其他的繁華大都市相比，佛蒙特州早已褪盡鉛華與風塵，少了嘈雜與喧囂，多的是質樸與清純。全州77%的面積都被森林覆蓋，松柏楓樺、雲杉鐵杉，樹種多樣，應有盡有。其他的部分大都是翠綠的草原和清澈的河流。這裡的春季短促多雨，萬物剛剛復甦之時，便有貴如油的春雨滋潤著。微風如精靈一樣活潑地穿梭，沒有工業廢氣和汽車排氣的污染，格外清澈，柔和舒緩。鄉間公路上的汽車也沒有那般風馳電掣，大家心照不宣地放慢腳步，緩緩前行，誰也不願打破這難得的和諧寧靜，盡情享受大自然的無限春光。

在靜謐的時光流動中，夏季很快就到來了，因身處美國的極北之地，佛蒙特州並沒有如火的燥熱。天空比城市裡湛藍許多，格外明淨，奇形怪狀的雲朵懶洋洋地東飄西蕩。天空底下，碧綠的草原賣力地向遠方延伸著，一眼望不到盡頭，在層層疊疊的綠色掩映中，幾點俏皮的紅透出來了，那

※佛蒙特州一年四季全部都是遊樂的季節，各有各的鮮
明特色，難怪佛蒙特州常年遊人如織，熱愛美麗風光
與戶外旅行的人蜂擁而至，連《國家地理雜誌》都把
它列為人生50個必去的地方之一。

麼的亮麗醒目。原來是紅磚青瓦的尖頂農舍，別緻小巧，家庭特有的溫馨感突然就彌漫在心頭，不知不覺笑意也爬上嘴角，陽光暖暖的，心也暖暖的。

透亮的藍、凝翠的綠、炫目的紅交織在一起，強烈衝擊著人的視線，宛如置身童話中。腳下的路也變成了金燦燦的大道，引領你到達盡頭的奧茲王國，不知道那些美麗的小房子裡是不是也住了能達成人心願的魔法師。想讓他也滿足我的一個願望——徜徉在這片如詩如畫的風景裡，盡情的做夢，無憂無慮，不受打擾。

佛蒙特州的四季，各自有著不同的旋律，都是一樣的蕩氣迴腸，攝人心魄。秋水長天，層林盡染。佛蒙特州最為繽紛斑斕的季節降臨了。人都說佛蒙特州的紅葉甲天下，即便是在以紅葉美景聞名於世的新英格蘭地區，佛蒙特州的紅葉也完全有資格稱得上是魁首。

全州不同的土壤環境，細微的氣候差別，造就了不同顏色的楓樹，漫山遍野地鋪陳開去。有的是紅色，如火如荼地燃燒著，比天邊的晚霞還要紅豔燦爛；有的是橙紅色，間或又透出濃郁的紫紅，一片樹蔭裡過渡成好幾個層次，動態分明；有的是金黃色，在陽光的透射下格外的晶瑩玲瓏，金燦燦地晃花了雙眼。待全部轉變成褐紅色時，樹葉投奔大地的過程也是乾燥明快的，沒有絲毫生命盡頭的悲涼。

即便是在嚴寒的冬天，佛蒙特州同樣不會令遠來的客人失望。這裡是美國東海岸地區著名的滑雪聖地，每年冬天，那些在上一季綻放到極致的林木都被厚厚的白雪覆蓋了，馬拉著雪橇穿行在新英格蘭的森林中，脖子上掛著的銀鈴叮噹作響，生機盎然，情趣無邊。白色的佛蒙特州依舊是童話的世界，只不過這個童話現在屬於聖誕老人。

在電影《阿甘正傳》裡，失去愛人後的阿甘開始寂寥地長跑，從大西洋跑到太平洋，從麥浪翻滾的原野跑到紅葉燦爛的小鎮。這個令人難忘的鏡頭正是在佛蒙特州拍攝的。長長的白色柵欄，磚紅色的精巧房舍，悠然漫步的小牛，襯著遼闊的原野背景，讓人一見傾心。

除了佛蒙特州，再沒有什麼地方能將阿甘的執著襯托得轟轟烈烈。雖然傻阿甘的腳步不停，將景色遠遠甩在了身後，但不知有多少人已經多了一個觸及到遠方的夢想，悄悄滋長著。

你也有勇氣，為追求心中的愛來一次浪漫的長跑嗎？

搜索地標：華盛頓州

Palouse
帕盧斯

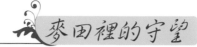

麥田裡的守望

帕盧斯是緩緩起伏的丘陵形成了獨特的波浪形地貌，在全世界只有兩處。如今原來的芳草地已經成了一望無際的麥田，這裡既是觀光地，又是全世界收成最高的小麥產區。

❀暮春與初夏交替之季，一望無際的丘陵地帶上金綠相間，湧動著收穫的希冀與自然的激情。

在華盛頓州東南部，有一片寬廣的山丘。緩緩起伏的丘陵形成了獨特的波浪形地貌，層層翻湧，高低錯落，它就是帕盧斯。在草長鶯飛的季節，這裡會變成一片溫柔跌宕的麥田。它是全世界收成最高的小麥產地。

這些造型奇特、千奇百怪的山坡形成於冰河時代，那時這裡還是一片大海。當洪水消退後，淤泥不斷疊積，再經過

千萬年風霜雨雪的雕刻，終於形成了今天的特色地貌。據說帕盧斯這種地形只在世界上兩個地方存在著，一個是義大利的托斯卡納地區，一個就是華盛頓的帕盧斯。物以稀為貴，這裡馬上成了大家競相觀賞的美景。150年多前，這裡還是芳草萋萋、山花爛漫的大草原，現在則大部分的土地都被開墾了，用來種植小麥，給周邊的農民生活帶來了極大的改善。

秋季，麥子收穫的季節到了。作為全世界的小麥主產區，秋收的工作自是不可懈怠。每年這時候帕盧斯便陷入一片繁忙。當然，這裡不只是農作物產區，也是令背包客駐足流連的風景。在附近的開米波特州立公園可以遠望這片人與自然共同打造的美景，金色的麥浪色彩溫暖柔和。風吹過的時候，麥田也謙遜地彎下腰，麥稈隨風搖擺，也像是在為豐收而歡慶的舞蹈。陽光打在麥田上，散發出一種神聖的金光。一種自心底泛起的感動油然而生。那是對生命的尊重，對造物的景仰。

在麥田周圍還開有步行便道，遊人可以親自置身於遼闊的麥田，感受秋的魅力，雖是漂泊在外，心卻突然找到了踏實的安定感，漸漸地沉靜下來，渾身都流淌著溫馨。

冬天，一切都被大雪覆蓋了，白茫茫一片真乾淨。麥田像是躲在一床大被裡開始了整個冬天的沉睡。來年又是一片翠綠，一場金黃，一次收割，一份希望。

畫卷般的晚霞被扯下來，遮蔽了天邊的浮雲。站在麥田裡有種不知何去何從的迷茫。這一次我需景仰的並不僅僅是大自然的鬼斧神工，還有勞作在這片土地上的每個勤勞的人，是他們的雙手改變了自然，也改變了自己的命運。

想坐在田間一直守候，也許有一天，在隨手剝開層層麥穗之後，能驚喜地看到我們內心最深處的渴望。

❋夏季的帕盧斯沒有其他地方夏日裡慣有的喧囂，反而綠得寧靜，綠得溫馨。

❋秋季來臨，金黃色成了這裡的主色調。一片燦爛耀眼，壯觀迷人，讓人想起梵谷筆下的麥田。

搜索地標：猶他州

Zion National Park

錫安國家公園 人間天城

昔日的錫安國家公園是摩門教徒拓荒的聖地，如今它的宗教色彩逐漸淡化，人們來此都是為了欣賞繽紛的峽谷美景。它依舊是個人間天堂，但不是屬於上帝，而是屬於所有不遠萬里的遊客。

✳錫安國家公園的地形以峽谷峭壁為主，這裡沒有科羅拉多那般的雄渾壯麗，而是勝在精緻小巧、色彩紛呈，而歷史文化底蘊更令它意義深遠，別具風情。

「**錫**安」的意思是「上帝的天城」。這個名字來源於基督教，但是它與基督教文化卻並無瓜葛，反而可以追本溯源到印第安人的歷史。至今那裡還保留著一條通往山區的小路，供印第安人專用。很久很久以前，這裡曾是摩門拓荒者的聖地。而現在它的宗教概念已漸漸淡化於歲月流逝，不再吸引朝聖者，人們踏足於此都是為了目睹著名的多彩峽谷奇觀。作為一個賞心悅目、領略自然風情的娛樂所在，它已變成了一座真正的天堂，不是屬於上帝，而屬於那些不遠萬里的遊人們。

錫安國家公園位於美國猶他州西南部，它的景色帶著鮮明的猶他特徵——粗獷、野性的原始美，像是未經過人工雕琢的璞玉。公園的面積不算大，但想要把所有的景致看個遍也並非易事，必須有充足的時間和精力。

錫安峽谷是維京河的河水沖刷而成。別看平日裡河水清澈，溫情脈脈、波瀾不驚，但只要遇上夏秋兩季的雨水天氣，維京河就會露出它的生猛本色。水位暴漲，洶湧澎湃，張開大口吞噬一切，即使是巨石大樹也被席捲而去，難怪它能有如此神力，塑造出偌大一個峽谷群落。雨後積水形成大小幾百道瀑布，從高山上飛瀉而下，水聲雷動，又是這裡的壯麗一景。

❋峽谷裡經常可以看到許多背著背包的徒步旅行者。用腳步丈量山路，探幽訪勝。

公園風景的集中地，自然是最富盛名的錫安峽谷。總長24公里，深達2～3公里，但是寬度卻不到1公里，最窄的地方甚至不到1公尺，僅可容一人側身通過。谷壁陡峭，如刀削斧砍，幾乎與地面垂直，恐怕只有蜘蛛人才能在此攀爬而上，一般人只有望岩興嘆的份了。人走在峽谷底部，如同一隻螻蟻掉進了石縫，渺小得觸不到天地，陡然之間竟找不到存在感。

色彩永遠是錫安峽谷最引人入勝的主題。這裡的岩石呈現出一種多層次的鮮明的色彩變化，暗紅、粉紅、赭紅、橘黃、淡紫……在陽光的照射下，彷彿有了流動的變幻，生機

紅色錫安山

❉紅色是錫安山的主色調。這個
摩門教徒的古老聖地，雖然已經
褪去了宗教的面紗，但依然給人
一種歷史沉積的厚重感。紅色恰
如其分地展現了這種威嚴。山谷
峭壁在面前暗啞聳立著，只有風
流動的聲音，講述著印第安人動
盪的歷史，而神在冥冥中指引著
凡人，與峽谷一起體驗那份穿越
時空的、悠遠的虔誠與感動。

勃勃，一片斑斕。

　　岩石的色彩是靜默的，亙古不變，而自然賦予錫安的色彩卻是流動更迭的。這裡一年四季都對外開放。春季鮮花漫山，岩壁上的苔蘚地衣全都吐出新綠，人們紛至踏青；夏季萬木崢嶸，綠樹成蔭，氣溫雖高卻不悶熱，可以避暑納涼，五彩的錫安被綠色包裹著，更顯嫵媚；秋天裡，楓樹帶來遍山紅葉，將錫安層層包裹，又成了攀山的好去處；而到了冬季，皚皚白雪覆蓋山谷，多彩的山脊雪後初晴時的輪廓更為清晰，延伸向天際的線條越發蒼茫深遠。

　　錫安峽谷裡最著名的是被稱為「大白皇座」的一座孤峰。它高約700公尺，雄偉挺拔，自谷地平底而起，一柱擎天。底部的岩石為深紅色，自下而上逐漸減淡，由粉紅過渡到白色。而峰頂則芳草萋萋，綠樹林立，彷彿一根晶瑩玉柱上鑲嵌著的綠寶石，華美異常。

　　雖然山不算高，水也不算深，但錫安吸收了天地靈氣，自有一份深邃的意境蘊含在山水之間，唯有全心投入才可體會。但想要遍遊錫安，強健的體魄和頑強的毅力都是不可或缺的。一路上山重水複、峰迴路轉，經常可以有更為驚豔的發現，錫安只與勤勞的人一同分享它細微處的魅力。如果有力氣能爬到峽谷頂端，則更是別有洞天，山光水色盡收眼底，兩旁巍峨的山巒被陽光染成一片瑰麗的金紅之色，美不勝收。一瞬間只覺胸中有份氣吞山河的激情被一同點燃了，再辛苦也心甘情願。

　　當夜色沉靜如水，錫安迎來了一天中最為輕鬆浪漫的時刻。歷史遺留下的肅穆之感被無邊的黑暗掩蓋了，白日裡繽紛的色彩此刻也統統歸於沉寂。錫安陷入了最純粹、最簡單的黑色，頭頂星河璀璨，一望無際，身邊蟲鳴鳥啼，水聲淅瀝，像是流淌過人的心房，突然就多了些許小兒女的情懷，想體會一下輕羅小扇撲流螢的情調，更想找個人牽手，坐看牽牛織女星。

　　任它再粗獷的原始美景，也擋不住細膩如詩的情懷。繁星深處，是誰的回眸一笑？且聽風吟，又是在為誰駐足而歌？

搜索地標：維吉尼亞州

Blue Ridge Mountains
藍嶺山脈
鄉村的路，帶我回家

約翰·丹佛的歌讓我們認識了藍嶺山脈。雖然他走的匆忙，但藍嶺山脈一直在被人們吟唱。蒼茫大地，哪裡才是遊子的天堂？

「那是天堂，西維吉尼亞，
藍嶺山脈蒼茫，雪納杜河流淌，
生命古老，
比群山年幼，卻比樹滄桑，
似微風送爽。
鄉村的路，帶我回家，
回到那個地方，我的故鄉……」

*藍嶺公路的限速為45公里/小時，遊客們正好能慢慢開車，仔細瀏覽沿途美景。

《Take Me home, Country Road》，約翰·丹佛這首傳唱多年的經典之作曾勾起了多少漂泊遊子的離愁別緒。但約翰·丹

佛卻匆匆地走了，只有蒼茫的藍嶺山脈，至今還被人們吟唱著，落寞地矗立在鄉村大地上。

藍嶺山脈是阿帕拉契山脈的東支，位於維吉尼亞州，雪納杜河環繞著它靜靜地流淌。著名的雪納杜國家公園就是由藍嶺山脈開闢而成。

北起雪納杜，南至大煙山國家公園，有一條著名的藍嶺公路，將兩個著名的景區連成一體。但實際上這條公路的名氣似乎比這兩個國家公園都要大。它的可觀賞性也不遜於雪納杜公園裡的「天際線」公路——雖然後者有這麼一個炫目的好名字，因為海拔更高，這條路上景觀的變化多樣性及豐富性比「天際線」更勝一籌。

在藍嶺山脈連綿的風景中，藍嶺公路可以說是最值得一遊的部分，它確實也成為美國國家公園體系裡被造訪次數最多的地方。如果夠幸運，就可以在公路上見到太陽終於完全躍出雲層的那一刻，那個高度、那個角度的太陽，竟然在高山空氣的折射下，呈現出一種奇妙的玫紅色，那是在平地上從未見過的色彩，帶著說不出的妖媚與詭異。一種莫名的興奮被點燃了，突然想起那句：「生命古老，比群山年幼，卻比樹滄桑。」

此時此境，或許，我們已經找到回家的路了。

✿野鹿在草叢間穿梭覓食，這般險峻的地形，牠跑來跑去竟如履平地。

✿一線陽光從雲後探出頭來，照亮了灰濛濛的山谷。赤色盡染的山嶺流光溢彩，雲影翩翩，風光旖旎。

搜索地標：華盛頓州

North Cascades National Park

北卡斯喀特山 國家公園

撲朔迷離的高山風光

雖 然已經建成了北卡斯喀特山國家公園，但這裡並沒有人為的大門界限，每個人都可以免費參觀，看看這裡世上獨一無二的高山群落，如此奇異多變的湖光山色。

「世 界上沒有其他的地方像這裡一樣有這麼多的山，並且有著如此奇異、多變的山峰形狀。」這並非美國人自己的誇大其詞，北卡斯喀特山地區秀美的高山風光的確會令每一個面對它的人都為之迷醉。

北卡斯喀特山位於華盛頓州的西北，北面與加拿大接壤。連綿的高山險峰錯落有致的林立，氣勢磅礡。除了高山景觀之外，這裡還有令人眼花繚亂的冰河瀑布散落分布，如白線橫空，燦爛耀眼。冰川切割而成的山峰稜角就像印第安人的石刀。山脈群落中景致更為多樣，峽谷幽深，森林密布，山頂芳草如茵。斯卡吉特河貫穿山脈中部，串起了沿線大大小小的湖泊，如大珠小珠落玉盤，碧波萬頃，極為明豔。山區被劃分為4個部分，包括南部荒原區、北部荒原區、奇蘭湖和羅斯湖國家休養區。

南部荒原區坐落在埃爾多拉高地上，海拔2660公尺，氣溫寒冷，常年覆蓋著大面積的冰川。美國人將這片區域稱為

✤霧氣偶爾退散的南部荒原，也會露出難得一見的明媚鮮妍，山林如剛剛經過沐浴般清新可人。

「我們最壯美的阿爾卑斯」。這裡風霜雨雪常年打磨，冰蝕地貌分布廣泛，嶙峋的片麻岩在冰原上拔地而起，形狀如鋸齒般鋒利，只有不畏艱辛的遠行者才能涉足於此。但偏偏有藝高膽大者，硬要縱馬在小徑上馳騁，在馬背上領略這裡的壯麗與雄偉。

　　北部荒原區的氣候也不算溫和，陰冷的空氣裡彌漫著潮濕的味道，夏季多雨，冬季飛雪，平日裡難得見上陽光，群山隱沒在一片迷濛的雲霧之後，濕氣撲面，多了幾分神秘的色彩。

　　其蘭湖位於山區東南部，是華盛頓州最大的湖泊。這裡有著漫長的雪季，山頭經常是萬年積雪，但陽光卻比其他區域都要充足，毫不吝惜地灑在其蘭湖水之上，湖光瀲灩，水波盪漾。絕佳的豔陽天氣讓這裡成為水上活動的舉辦勝地。

　　整個公園還是一個野生動物自然保護區，美洲豹、麋鹿、狼獾等在林間隨意地晃來晃去，與遊人和平共處，相安無事。

　　選個好天氣，背起背包去爬山吧。在北卡斯喀特，總有一座山峰是適合你的。唯有走進其中，你才能看到北卡斯喀特山的心——晶瑩剔透，卻又敏感多變。如遠方的愛人，等待你的撫慰與親近。

❀北部荒原區湖泊分布較多，遊人偏愛到此泛舟垂釣，怡然自得。

❀雖然已經建成了北卡斯喀特山國家公園，但這裡並沒有用圍牆和大門圈出人為的分界及入口。沿著任何一條山間小路都可直達山頂，免費參觀。

搜索地標：加州

Napa Valley

納帕山谷

愛戀葡萄園

對於充滿娛樂精神的美國人來說，納帕山谷絕對不僅僅是葡萄種植園和葡萄酒加工廠那麼簡單。他們在這裡玩出了紛繁複雜的花樣，讓你在品評美酒的時候，享受到更多度假的樂趣。那份淡紫色的浪漫，讓人如漫步在雲端。

還記得當年那部風靡一時的電影《漫步在雲端》嗎？男女主人公在葡萄園中共譜一段溫馨戀曲。浪漫的愛情故事感動人心，美麗的田園風光令人迷醉，淺紫色薄霧籠罩下的葡萄園宛如仙境，沁人心脾的葡萄酒芳香似乎透過銀幕撲面而來。

　　影片拍攝前，導演為了尋找一個最能烘托影片氣氛的、帶有夢幻色彩的美麗葡萄園，曾經走遍了歐洲、南美和澳

❋納帕山谷如今已成為美國葡萄酒文化的一個醒目的符號，一個精神上的象徵。

洲的多處田莊，直到看到了美國加州的納帕山谷，導演才驚喜地發現，原來夢想中的仙境就在眼前。事實證明他的選擇是絕對成功的，納帕山谷和《漫步在雲端》順利實現雙贏。美麗的景色成為電影大獲成功至關重要的因素，電影在全球的風靡也讓納帕山谷為更多的人熟知，成為美國人氣最旺的酒鄉。

美國是個多種族的移民國家，這個特性也決定了納帕山谷葡萄酒品種的多姿多采。在這裡除了原汁原味的加州產酒，你還可以品嚐到來自傳統的歐洲產酒國——法國、德國、義大利、西班牙等地的多品種多口味美酒。不同的葡萄品種，不同的飲酒文化一同進入了新大陸這個大熔爐，如同一幅絢爛的酒國拼圖，每個酒廠都洋溢著獨具特色的情調。

到了每年夏秋的收穫季節，整個山谷爬滿了果實累累的葡萄藤，綠葉密密麻麻一望無際，紫色的葡萄珠上罩著一層淡淡的白霜，顆粒飽滿圓潤，誘人的果香飄滿整個莊園，迷離的薄霧在空氣中盪漾，讓人的心也隨著不安分起來。對於充滿娛樂精神的美國人來說，納帕山谷絕對不僅僅是葡萄種植園和葡萄酒加工廠那麼簡單，他們在這裡玩出了紛繁複雜的花樣，讓你在品評美酒的時候，享受到更多度假的樂趣。

入夜，各色的燈亮起來了，而納帕山谷的歡樂是夜幕也蓋不住的，依舊到處是喧囂的笑。也許剛剛有人嚐到了一瓶難得的好酒，或者是某個莊園後院的營火晚會才剛剛開始。在那些如夢如幻的葡萄園裡，相愛的人們還在葡萄架下相互依偎著，說著熾熱的情話。任他外面歌舞昇平，聚散沉浮，我只要你在這裡，陪我漫步在雲端。

✿這裡有超過250家酒廠，每年吸引上百萬慕名前來的觀光客，如詩如畫的葡萄園，醉人的葡萄酒，別具特色的精緻美食，都是讓遊人沒有抵抗力的法寶。

✿每年夏秋之際是葡萄採摘的季節，也是當地最熱鬧歡騰的時刻。大家興高采烈地忙著採摘、慶祝，如同一個以葡萄為主題的盛大節日。

搜索地標：緬因州

Arcadia Island

阿卡迪亞島

海與山的結合

阿 卡迪亞島是滄海與高山的巧妙結合，5億年地質運動的壯麗結果。綿延的高山，蒼鬱的密林，明鏡般的湖泊、廣闊的海灘，深邃的峽灣。這裡的景色是細膩婉約的，帶給你一份久違了的超脫塵世的靜默。

當 阿卡迪亞島第一次被人發現的時候，整個島嶼都籠罩在一片濃霧之中，如同一個猶抱琵琶半遮面的少女，不肯向世人展露她的容貌，只露出隱隱約約的輪廓，霧裡看花，朦朦朧朧。

然而真正的美麗是藏不住的，少女的面紗終有一天被揭開了，令世界為之驚豔。9世紀初，兩位美國畫家登上這個小島，原始質樸的天然風情帶來了澎湃的靈感，他們創作了大量的風景油畫。島上優美的風景隨著這些畫散布到世界各地，越來越多的人來到這裡，尋找畫中的夢一樣的天堂——美國東部緬因州海岸的阿卡迪亞島。

阿卡迪亞島是滄海與高山的巧妙結合，5億年地質運動的壯麗結果。當年火山爆發後岩漿橫流，來勢洶洶，卻突然與海水狹路相逢，再灼熱的熔岩也敵不過海水

冰冷的擁抱，最終熄滅，冷卻，凝固後的樣子就是阿卡迪亞島的雛形。到了冰川時期，洶湧的冰河在此奔湧，將阿卡迪亞島重新塑形，還造就了美國東部最獨具特色的海港——桑斯桑德海灣。

※躺在貝殼沙灘上，聽海浪輕輕拍打著岩石，像一首搖籃曲般輕柔舒緩，沒有都市裡的喧囂和嘈雜，整個人似乎都融化在藍天白雲裡。

綿延的高山，蒼鬱的密林，明鏡般的湖泊、廣闊的海灘，深邃的峽灣。這個面積不大的小島，承載了五光十色各種類型的美景，讓人目不暇接。與美國西部粗獷驚險的風格完全不同，阿卡迪亞島是細膩婉約的。島嶼周圍的大海一望無際，偶爾也有驚濤拍岸，卻沒有地動山搖的氣勢，更像是充滿溫情的撫摸。島上高山疊嶂，山石形狀怪異，但山坡並不陡峭，而是呈一個斜斜的角度垂下，平緩的延伸進大海裡。

有山有水，當然少不了植被的點綴。島上的雲杉、冷杉鬱鬱蔥蔥，滿山滿谷翠色欲滴。而到了秋天則是另外一番景象，蒼涼的秋色點燃了漫山遍野的楓樹葉，如焰火般絢爛的紅色燃燒起來，構成了秋季阿卡迪亞島的主色調。

阿卡迪亞海灣沿線聚集了豐富的海洋動物資源，這裡處在北方和溫帶交界處，冷熱適中的海水舒服極了，是海生動物們眷戀的家園。海螺、鯨魚、龍蝦都在這片海域裡嬉戲，海豚、海豹、海鳥常年出沒，海洋學家不遠萬里來此駐紮，常年觀察牠們的生活習性。

海邊停靠著眾多的私家帆船，隨著海水輕輕地搖晃，點點白帆招展，勾勒出一幅靜謐中透著活潑的畫面。誰能抗拒這份令人心醉的美呢？阿卡迪亞島帶給你的，是一份久違了的超脫塵世的靜默。誰說我的流浪沒有盡頭，今夜我已不想離去……

搜索地標：佛羅里達州

Biscayne National Park
比斯坎國家公園 · 海洋禮讚

在這裡你可以過上你想得到的所有奢華日子。在海邊的搖椅上品著美食美酒，沐浴著清新的海風，欣賞海天之間獨一無二的珊瑚礁，還有哪個假期能比現在更加輕鬆愜意？

✦邁阿密，這座美國最南端的火熱城市，早已為前來比斯坎灣觀光的人們準備好了最完美的度假設施。

明淨的天空碧藍如洗，遠遠地與海平面連成一線，在藍得像寶石一樣的背景下，一道鮮豔的珊瑚礁突然從水裡冒出頭來，橫亙於海天一線，比頭頂上的陽光還要刺眼。

北美洲最北端的珊瑚礁就位於邁阿密西南的比斯坎國家公園內，這也是美國大陸上唯一的一處珊瑚礁。物以稀為貴，來美國旅遊的人們都想來此一睹珊瑚礁的風采。邁阿密這座熱情洋溢的城市早就做好了準備，海灣沿線的豪華酒店數不勝數，每一間都提供了極為完備的海濱住宿設施。在這裡你可以過上你想得到的所有奢華日子。在海邊的搖椅上品著美食美酒，沐浴著清新的海風，欣賞海天之間獨一無二的珊瑚礁，還有哪個假期能比現在更加輕鬆愜意？

比斯坎國家公園裡，海水占據了95%的面積，浸透了陽光的海水晶瑩剔透，清可見底，但比它更璀璨的當然是迷人的珊瑚礁。它們分布在明珠般的綠林海島上，錯縱複雜

的熱帶花草樹木，也掩不住它們耀眼的光芒。神秘的大西洋水域海底是珊瑚礁生長的故鄉，微小的珊瑚蟲一點一點的分泌出石灰質，在漫長的歲月裡，構築起了比牠的身軀不知要龐大多少倍的礁石堡壘。隨著日積月累體積增大，珊瑚礁漸漸地浮出水面，展現在我們的面前。它們的形狀千姿百態，有的像堅挺的鹿角，有的像打開的扇子，花團錦簇，與海島連成一線，像一道天然的屏障保護了比斯坎灣，使它免受海浪撞擊。

欣賞過珊瑚礁的壯美，把眼光收回到被珊瑚礁庇護的海灣內側，又是滿眼翠綠旳驚豔。

一片狹長的紅樹林沿著海岸線曲折蜿蜒，身軀挺拔，鮮豔欲滴的葉子整齊地隨風輕擺，好像是一支支熱情的手臂在招呼著客人。紅樹林不但觀賞價值極高，對於海岸線生態系統的維護也是不可或缺的。它們有著發達的根部系統，四通八達互相連接，對海岸線的土壤起到了堅實的穩固作用，樹根的「呼吸」能滲濾海水中的雜質，海水變得更加清澈透明，吸引了闖入淺海灣地區的好多魚類，牠們在這裡搖著尾巴盡情暢遊，頗有點樂不思蜀的味道。

流連忘返的不只是魚兒們，每一個來到比斯坎灣度假的人都沉醉在陽光暖暖的味道裡，盡情享受著海洋帶給人們的無窮樂趣。

在有點燙腳的沙灘上奔跑，在紅樹林的綠蔭下漫步，在金色的細沙上支起帳篷露營，或者自己動手搖槳在碧波盪漾的海面上划行，離夢幻般的珊瑚礁越來越近了，而我們更接近的，是藏在心中那個最美好的自由的王國。

❋比斯坎灣海底的珊瑚礁。

❋日暮，比斯坎灣的水面在夕陽的照耀下，映出金色的光芒。

搜索地標：阿拉斯加州

Katmai National Park and Preserve

卡特邁國家公園和自然保護區

桃源深處

卡 特邁的風光稱不上是最美麗的，甚至很多地方都帶著一種蠻荒的蒼涼粗獷。但正是這種毀滅之後的別樣美麗，在人們心裡滋生了一種奇妙的共鳴，那本是人類對原始的野性最本能的追逐。

✽與相貌憨厚的棕熊相比，流浪於這片土地的阿拉斯加狼則顯出一種野性的回歸。

沒 有一條與外界相通的公路，卡特邁國家公園和自然保護區落寞地矗立在阿拉斯加南海岸，如同茫茫大海中一座神秘的孤島。人們想一睹它的真容，只能選擇從安克拉治乘坐小飛機，再換乘小船，顛簸在海上的感覺有點像朝聖的人衝破驚濤駭浪，一心只為到達心目中最美麗的桃花源。

卡特邁占地1.9萬平方公里，茂密的森林與蒼涼的荒原在這片土地上共存著。最著名的景觀是遍布於荒原中的火山運動遺跡，而最有代表性的標誌就是世界上數量最多的棕熊。只要你有時間和耐心，整個夏季你都可以站在布魯克斯河邊觀賞河水裡捕捉鮭魚的棕熊。

1912年，這裡曾爆發了一次徹底改變卡特邁地貌的大災難。持續了一星期的強烈地震後，諾瓦拉普塔火山突然爆發了，那聲勢和破壞力如同投下了一枚原子彈，方圓數百公里都可以聽到噴發的巨大轟鳴聲，數千噸的火山灰衝向萬公尺開外的高空，遮雲蔽日，這是歷史上有記載的3次最強烈的火山噴發之一，整個山頂在瞬間被掀去，形成了巨大的火山口湖。然而一座火山的毀滅卻是伴隨著一處新景點的誕生，火山噴發4年之後，當瞬息萬變的歷史幾乎遺忘了曾經的災難的時候，人們驚奇地發現了劇烈破壞之後產生的地質奇觀——今日卡特邁最神奇的萬煙谷。

「整個山谷充滿了成百上千噸，更確切的說，是成千上萬噸從地下縫際中升起的濃煙。」這是第一個發現者對萬煙谷的描述，火山爆發後特有的塵暴景象裊裊不散，讓人如墜仙境，騰雲駕霧，「萬煙谷」由此得名。

萬煙谷覆蓋了40多個大大小小的山谷，所有的山谷至今還被厚達200多公尺的火山灰覆蓋著，你可以看到被厚重熾

麥金利山巍峨的身影矗立在天際。在藍天與明湖的映襯下，絲毫也看不出身為北美第一高峰的驕傲，反而有一種秀美的內斂與安詳，與卡特邁這處世界邊緣的桃源配合得無比合拍。

熱的煙灰炭化了的動植物。數萬個噴氣孔和煙柱緩緩地升騰著濃煙，有的氣柱高達近400公尺，四下彌漫著，形成了一個巨大的煙霧層。陽光頑強穿越煙霧的縫隙，光線與煙塵的顆粒糾結纏繞著，形成無數條色彩斑斕的彩虹。被五彩的煙霧包圍著，一切景色都朦朧了，似乎身在通往桃源仙境的時空隧道。

雖然距離那場大災難已過去很多年，但萬煙谷依然常年籠罩在水汽與火山煙灰中，如它最初被發現時那般蒼涼。萬煙谷本無路，但走的人多了，便也踏出了幾道小徑，其中有一條沿著冰冷灰白的陡坡，一直延伸向卡特邁山脊。站在那裡俯瞰火山口，可以看到明淨碧藍的火山口湖，一汪碧水如寶石般閃爍著迷人的光芒，令人捨不得離開視線。

萬煙谷後面，是山峰、河流和森林峽谷組成的卡特邁原野，大地的地洞和縫隙中仍然在噴射著水蒸氣，提醒人們不要忘記這裡曾經的湧動。

如果說萬煙谷是卡特邁最著名的景觀，那麼棕熊和鮭魚可以稱的上是卡特邁最有代表性的動物了，正是牠們吸引了大量肯花高昂的代價置辦行頭來攝影和垂釣的人們。儘管釣客無法理解為什麼有人會花好幾萬元買攝影器材來給熊拍照，攝影師同樣不知道為什麼要買好幾萬元的釣具來這裡釣魚，但每一個來卡特邁的人總是能找到自己的樂趣。

卡特邁是世界上最大的棕熊保護區，2000隻以上的棕熊在此安居樂業。牠們的體型龐大臃腫，動作卻極為靈活。牠們在廣袤的山林中奔走，在崎嶇的山谷間爬行，在幽深的河水裡捕鮭魚。整個春夏兩季，棕熊們都聚集在布魯克斯瀑布口，這個季節裡水中滿是從大海回游的鮭魚，肥美鮮活。聰明饞嘴的棕熊們怎麼會放過這個絕佳的捕食良機？距離布魯克斯營地不遠處，有一個專門為觀賞瀑布和棕熊而設的觀景平台。世上許多精彩絕倫的知名棕熊照片都是在這裡拍攝而成的。

卡特邁的風光稱不上是最美麗的，甚至很多地方都帶著一種蠻荒的蒼涼粗獷，但正是這種毀滅之後的別樣美麗，在人們心裡滋生了一種奇妙的共鳴，那本是人類對原始的野性最本能的追逐。

❋空中俯瞰萬煙谷。

儘管要付出不菲的開銷，但每年來卡特邁觀光的人還是絡繹不絕——或許這樣艱難的奔波跋涉本身就是一種極大的誘惑，吸引了那些天性就不願意閒著的人們，更何況桃源深處還有著無與倫比的美妙——不管是欣賞火山遺跡、追尋大塊頭棕熊的腳步，還是閒暇時在水邊垂釣鮭魚。

搜索地標：華盛頓州

Mount Rainier National Park

雷尼爾山 國家公園

來自天堂的冰川

這裡不僅僅是世界上最雄偉的山峰之一，還是全美國單峰發育冰川最多的一座雪山。高海拔造就了壯麗秀美的高山風光，無論是冰川雪山，還是森林野花，都令人嘆為觀止。

在華盛頓州的很多器物用具上都能看到雷尼爾山的圖案，這個帶著幾分神秘的秀美身影，幾乎已經成為華盛頓州的標誌圖騰。

雷尼爾山是美國本土海拔最高的火山，但它爆發的勝景早已塵封於70萬年前的冰河時代。繼承了那時的冰肌雪魄，今天的雷尼爾山擁有全美國除阿拉斯加之外最大的冰河系統，位於東面山坡的埃蒙斯冰川是全美國最大的冰川，共有27道冰川自山頂迤邐而下，向著四方洶湧奔騰，聲勢浩蕩，咄咄逼人。

✳晴日暖烘烘的陽光下，土撥鼠冒出了頭。雷尼爾山是牠們幸福生活的樂園。

　　自太平洋吹來的徐徐東風飽含水汽，給雷尼爾山帶來了充足的降雪。至今這裡還保持著地球上有史以來的全年最大降雪量的紀錄。暴雪封山，蒼茫一片，連冰河也停止了前進的步伐，潺潺水聲被靜謐的冷寂所代替，時間彷彿在雷尼爾山這片白得耀眼的蒼涼世界裡凝固了。

　　而到了春回大地的時節，則是與雪季截然不同的景象。積蓄了一冬的嚴寒消退，漫山遍野的積雪開始融化，冷冰冰的白色不見了，取而代之的是野花與小草爬滿山坡，冰雪融化，匯成湍急的溪流，傾瀉的瀑布，歡快地奔向四面八方。然而山頂的積雪卻是沒那麼輕易就動搖的，在高海拔積聚的寒氣裡，即使在最炎熱的七八月裡冰雪也不會消融，忠實地覆蓋著圓錐形的尖頂。在國際太空站拍攝的照片上，雷尼爾山黛青色的山體似是隱藏在一片迷茫的霧氣中，虛無縹緲，中央的白色穹頂尤為醒目，冷豔中透著嫵媚，如同一頂銀白色的耀眼雪冠。由於海拔的優勢，雷尼爾山在這一片山巒之中鶴立雞群，如同一位女王，每位前來朝拜者都要抬頭仰視。

　　山腳下有一片年代久遠的針葉林，松樹、冷杉，筆直地挺立著，針樣的葉片倔強地四下張揚，像是女王虔誠的護衛隊。沿著林間小路拾級而上，一路都是密林參天，抬頭只能看見窄窄的一線天空，彷彿掉進了一個森林構築的深淵，偶爾有小松鼠在樹枝間跳來跳去。樹木是古老的，但針葉林特有的香氣卻歷久彌新，令人精神一振，連爬山的腳步也不由加快了，像是追著頭頂那一線天而去。

　　隨著高度上升，視野漸漸開闊起來，森林被大片的高山草甸所代替，每年夏季是這裡的草地最美麗的時候，各式各

樣的野花都開了，五彩繽紛地點綴在草坡上，一大片鮮豔的花海。各種野生動物都自由地躍來躍去，吃草、散步、曬太陽，對身邊如織的遊人視若無睹，一看就是見慣了世面的樣子。到這裡來的遊客也都很自覺，從來不會去打擾野生動物安逸的生活。

　　山腳雖然奼紫嫣紅一片，但只要抬頭就可以看到遠處隱隱的雪頂，像一朵聖潔的百合花，綻放在遙遠的天際。雖然頭頂豔陽高照，但雪頂的寒氣似乎仍然一點點傳過來，沁入人身體的每一個毛孔，挑動著每一根興奮的神經。雷尼爾山的雪冠是如此迷人，多少人不辭勞苦地攀登，就是為了一睹其真容，而不是在山腳遠遠的霧裡看花。但美麗的東西往往也帶了致命的誘惑，有不少人因此喪命，所以，如果你沒有做好充分的準備，還是沿著公園的規定線路老老實實地仰望這不可接近的美吧。

　　沿著草甸而上，兩旁還是野花盛開，但大雪山的氣息已經撲面而來，愜意舒爽。夏與冬、冷與熱、冰雪與流火在雷尼爾山完美地交匯了。越往高處走，霧氣就越嚴重，山上的一切都罩在一層淡淡薄紗裡。公園在不同的高度分別設立了觀賞點，讓人可以從不同角度全方位的領略雷尼爾山的魅力，其中最為人青睞的是「天堂」與「日出」兩處景點。「天

堂」位於雷尼爾山的西南方，這裡地勢極高，山巒雄偉，綠樹林立，溪水淙淙，湖泊清澈，是名副其實的山中天堂。天堂以北是著名的「天堂河」。天堂河水顏色純藍，毫無雜色，雪峰的倒影映在其中，虛虛實實，相映成趣。比「天堂」更高的是太陽升起的地方。坐落在雷尼爾山北部的「日出」，是國家公園內海拔最高的一處景點，也是普通遊人所能達到的巔峰。在「日出」向下看去時，方才真正感悟雷尼爾山女王般的威嚴。周圍的山峰都已被自己踏在腳下，只得俯瞰。山腳下雲霧繚繞，群山在雲海中漂浮，1500公尺以下的景色已悉數隱沒在這飄渺雲海之中。海拔較高的山才能穿雲破霧，在雲海中探出頭來，在雷尼爾山上看去也不過是小小的一團，宛如大海中一個不起眼的浮島。人在雲海上飄，心也跟著飛到九霄雲外，宛如在日出之處張開雙臂飛翔，脫離了一切煩擾牽絆。

雷尼爾山千變萬化，白天、黑夜；山麓、山腳；各有各的風情萬種，動靜虛實，張弛有道。每個面孔都帶給我們不同的感受。那淡淡妝，淺淺香，卻是極致的美，攝人心魄。

搜索地標：加州

Santa Monica
聖莫尼卡
奢華海岸線

聖莫尼卡是全美國最著名的海灘之一，在這裡我們不但能見識到陽光沙灘的悠閒生活，還能在時尚奢華的步行街裡感受到世界級的藝術文化氣息。

從美國風靡全球的電視影集《海灘遊俠》裡，我們認識了這個小鎮，欣賞到了陽光沙灘比基尼美女的南加州美好生活。這裡就是聖莫尼卡。

聖莫尼卡位於美國加州南部，洛杉磯西側。早在1870年，這裡就以海邊度假勝地而聞名，一年四季溫暖如春。一首名為《Santa Monica》的歌曲唱遍全美，明快的節奏和旋律很容易讓人想像出一幅悠閒的假日畫面：陽光透過林葉間隙灑在並不算寬的人行道上，棕櫚樹的大葉子投下斑斑點點的陰影，西班牙風格的建築錯落有致地分布在兩旁，穿著休閒時尚的人們正在趕著去海灘曬日光浴，身邊偶爾有腳蹬自行車的人經過。一切都是舒適隨意的。

聖莫尼卡海灘毗鄰太平洋，它不但在整個洛杉磯，在全美國也是首屈一指。如火的驕陽下，純淨的白色沙灘亮得耀眼。碧綠清涼的海水一波波湧上岸來，輕柔地沖刷著沙灘上的貝殼。太平洋的微風緩緩經過，輕柔溫暖。人潮每一天都在湧動，色彩斑斕的泳裝

競相炫耀著，人們身上塗滿了椰子油，想把自己曬成最健康的古銅色。他們在這裡衝浪游泳、曬日光浴、打沙灘排球，幾條平滑的小徑還可以騎腳踏車、玩直排輪。各種各樣的活動開展的如火如荼，天天都是人聲鼎沸。

一座凸出海灘線的碼頭醒目地架設在海面上，遠遠可以看到高聳在空中的巨大轉盤。原來這座碼頭上還座落著著名的「太平洋樂園」。從海灘上沿著一條長長的引橋就可以直接進入。雲霄飛車驚險刺激，摩天輪直衝雲霄，在海灘上充足休息後的人們，免不得都會來這兒找點驚險刺激，享受歡樂。販賣各種小玩意的花車攤琳瑯滿目，引人駐足。當地最著名的街頭藝人也集中於此，使出渾身解數，引得人潮圍觀，自然少不了熱烈的掌聲和豐厚的小費。

地方雖不大，但奢侈與華貴卻令人驚豔。離海灘不到3個路口便有一處著名的購物之處——第三街徒步區。上百家商店、餐廳、藝廊、書局坐落於此。無論是外地遊客，還是當地居民，都喜歡來此漫步遊覽，感受世界級的美食與藝術文化。夏季裡每周四晚間還安排了免費的星光舞會，每到這時候小小的聖莫尼卡便如狂歡節一樣熱鬧，樂聲喧天，舞步回轉，燈火通明，光輝燦爛，這人間的星光，讓天上的星光也要相形見絀。

聖莫尼卡海灘的夕陽是最美的，充滿了寧靜與祥和，大海逐漸暗淡下來，人們開始變成暗黑的剪影，卻依舊是朝氣蓬勃地活動著。這便是幸福生活的一個小小縮影吧。

在聖莫尼卡，懶散的街道是如此縱容。抖落身上細沙的時候，別忘了去旁邊的郵局寄張明信片，發出一份來自太平洋的祝福。即便是「Santa Monica」的郵戳，也浸透了濃濃的陽光與海水的氣息。讀著，心已隨海風飛翔……

搜索地標：加州

Monterey Bay

蒙特雷海灣

海洋生物樂園

這裡是一個風景如畫的度假場所，寧靜與安逸是這裡的主旋律，蒙特雷的悠閒無關世事，連上帝都不忍心打擾。

蒙特雷海灣的名聞天下，竟是與一場災難息息相關。1997年10月12日，美國著名鄉村歌手約翰·丹佛駕駛的單人小型飛機在這個加州的小海灣不幸墜毀。一代歌王命喪於此，世人在緬懷的同時，也記住了這個被打上悲傷印記的蒙特雷海灣。

蒙特雷海灣位於加州中部沿海，拋開那場悲劇的影響，這裡本是一個風景如畫的度假場所。海洋性氣候舒爽宜人，

※無憂無慮的海豹在多礁石的海岸邊盡情嬉戲，給蒙特雷的午後帶來了勃勃生機。

四季如春。加州溫暖的陽光也名不虛傳，天天都
是晴天。絲絲白雲像是畫筆甩上去的點綴，將天
襯得更加湛藍。海水碧藍無波。看著海天相接的
景色，心就像融化在這片純純的藍色中了，一切
煩惱和不快都隨著海風煙消雲散。

※蒙特雷的海面下也是一個
神奇斑斕的世界。

　　白天的海灣是活躍的，海灘上有人散步，有
人曬太陽；有人給盤桓的海鷗餵食——這裡的海
鷗極為放肆，從不認生；還有人聚在一起堆沙
子，玩遊戲。海浪溫柔地沖刷著岸邊的礁石，遠
處海面上幾點白帆盪漾。周圍碼頭上人流不斷，
吃喝玩樂開展得熱火朝天，烤肉的香氣時不時飄
過來，勾引得人口水直流。

　　夜晚的海灣終於安靜下來，呈現出一派完全不同的景
象。天是黑的，只能隱約看到海面上反射出的岸邊路燈的
光，在水面上緩緩流動，海天的界線淡了，海浪變得洶湧起
來，一波一波的衝上海灘，不時的發出「刷刷」的響聲，心
在浪花上浮著，抓也抓不住。

　　海灣邊上的小鎮，就以海灣的名字命名。它小得有些不
可思議，即使只用腿作交通工具走遍全城，也花不了太多的
時間和力氣。唯一讓你勞累的不是它的面積，而是起伏的地
形。小鎮的街道雖然狹窄，但坡度卻甚是陡峭。上坡和下坡
很多。沒有密集的高樓大廈，家家都有自己院落。建築風格
和裝飾特點多種多樣，有的樸實，有的鮮豔，有的溫馨，有
的俏皮，一眼望去便可知主人的性格喜好。

　　蒙特雷海灣還是著名的國際海洋生物保護區。白天在海
灣裡就可以看到海獅，與人若即若離，直著脖子嗷嗷叫。深
海裡有鯨魚出沒，划著小船走不遠就可以看見那道高高噴起
的水柱。海洋學家從蒙特雷海灣潛入水裡，研究水母的形態
和生活習性。蒙特雷水族館是當地著名一景，在這裡可以看
到各種色彩斑斕的海洋植物、豐富多彩的魚兒、海獺、奇形
怪狀的各種水母，沼澤區的水生物，讓人眼花繚亂，目不暇
接，像一幅神奇的海洋畫卷。最讓人遺憾的是，這裡曾經是
沙丁魚罐頭的主要產區，而沙丁魚在上個世紀40年代就已經
消失在這片水域中了。如今我們只有從史坦貝克的小說《罐
頭廠街》裡，領略當年「沙丁魚之鄉」的風采。

※在蒙特雷水族館，可以親
身「深入」海底，透過巨大
的玻璃窗來與美麗的水族們
做一次近距離的親密接觸。

　　儘管有些悲傷在所難免，但我們不能讓蒙特雷因為一場
意外而背負太多沉重的主題。畢竟寧靜與安逸才是這裡的主
旋律，蒙特雷的悠閒無關世事，連上帝都不忍心打擾。

Chesapeake Bay

切薩皮克灣

勇敢者的遊戲

切薩皮克灣最著名的不是它的水色，而是橫跨兩岸的那座宏偉的大橋，它是無可爭議的現代世界奇蹟，但並不是所有的人都有幸領略它的壯觀景色，這裡是只屬於勇敢者的遊戲。

切薩皮克灣像一條長龍一樣盤踞在大西洋沿岸。龍頭還在馬里蘭州，龍尾卻已甩到了維吉尼亞。南北全長310公里，最寬的地方也有50公里，是美國東部最大的海灣，也是美國面積最大、深入內陸最多的河口灣。

當地殼擠壓變動、大西洋海岸隨著下沉的時候，海水倒灌入大陸，吞噬了河流和谷地，漸漸沖刷出了今日的切薩皮克灣。這條長龍身姿曲折起伏、高低錯落。東部海灣地勢較低，形狀犬牙交錯，零星分布著很多小的島嶼和沼澤，而到了西海岸，地勢則逐漸升高，就好像巨龍漸漸抬起了身子，輪廓卻頗為平緩，懸崖峭壁延伸出去，展開長長的距離，面積不小的半島和溺谷間或夾雜在其中。

雖然水勢不大，但切薩皮克灣也敞開寬廣的胸懷，接納了周邊150餘條河流注入其中。由於水的來源太過紛繁蕪雜，淡水與鹹水一股腦子地注入，搞得切薩皮克灣裡的水也呈現出層次分明的鹽度。倘你在灣口、灣中和灣底分別掬一捧水嚐一嚐，就會發現灣口的水竟是最鹹，向著灣底次第減弱。明明是一道灣中的水，卻給了味蕾不同程度的刺激。切薩皮克灣還真是花樣百變。

因灣岸多島，國內很多的重要港口都集中於此，像著名的巴爾的摩、諾福克等等都盤踞在海灣沿線。後者不但是優質良港，還是美軍重要的軍事基地。

但令政府絕對想不到的是，切薩皮克大橋由於高出水面太多，兩旁也沒有圍欄，行駛其上難免頭暈目眩，膽戰心驚。這可苦了膽子不大的司機，就算是斗膽把車開上去，也是戰戰兢兢小心翼翼。這反而造成了擁堵，加重了交通負擔。而這又催生了新興產業——代駕過橋生意的興旺火爆。如果你沒有提前預約，那只好加入排隊的長龍裡去等待了。

在切薩皮克大橋上可以遠眺大西洋灣口風光，這裡有世界上最繁忙海運航道的壯觀景象。駕車駛過這高於水面185英尺的大橋也必定是一次終生難忘的體驗。想親身感受這一切並不難，只要你有足夠的勇氣，切薩皮克巨龍就會乖乖地蟄伏在你腳下。

搜索地標：亞利桑那州、加州

Sonoran Desert

索諾蘭沙漠
太陽之火的王國

有山有水，索諾蘭沙漠看上去一點都不像傳統沙漠的樣子，雖然日曬旺盛，常年高溫，但這裡卻有一套獨特的生態系統，活的足夠精彩。與其說它是沙漠，倒不如說更像一個亞熱帶的大荊棘灌叢。

沙漠吟遊詩人約翰‧凡戴克曾經把索諾蘭沙漠稱為「太陽之火的王國」，因為這裡日曬旺盛，常年高溫，是北美地區最大最熱的沙漠之一。可是，千萬別被這遍地流火矇蔽了雙眼，當你看到兀鷲站在巨柱仙人掌上的時候，不要大驚小怪，一定要淡定相對。因為索諾蘭沙漠的生態系統是世人拿一般的標準無法衡量的，任何景象在此都可見怪不怪了。

索諾蘭的地質年齡只有幾千年歷史，作為一個沙漠來看，進化得還不夠完全，這裡的地形看上去一點都不像傳統沙漠的樣子。這裡有山，雖然稱不上雄偉，乍看上去就像碎

❖好萊塢科幻片《星際奇兵》曾選擇它為外景地。在很多人眼裡，一個生機勃勃、明媚燦爛的沙漠，簡直比科幻巨片還讓人無法想像。

石堆成，但比其他沙漠裡可憐的小土丘已經高大了不知多少倍。這裡也有水，與海相鄰就是它最大的財富。

　　索諾蘭沙漠位於美國和墨西哥交界處，總面積約26萬平方公里。由於毗鄰加州海灣和太平洋，近水樓台先得月，這裡自然少不了水分滋潤，一年有顯著的四季之分，還包括兩個豐沛的雨季。夏季海邊凝聚了大量水汽的季風經過，帶來了沙漠裡的夏季雨季，冬季太平洋上的暴風驟雨也能波及此地，造成冬天的降雨。冷空氣吹向山谷，有時也可見皚皚白雪。有了海洋得天獨厚的眷顧，索諾蘭沙漠每年降雨量都可達120～300毫米，遠非其他沙漠所能企及，成就了一個新鮮的沙漠上的生命王國，而不是人們想像中的不毛之地。這樣舒適的生存環境吸引了好多小動物投奔於此，給索諾蘭又帶來了另一個特別之最——世界上生物品種最多的沙漠，也是世界上最完整、最大的旱地生態系統之一。甚至在很多專家眼中，與其說它是沙漠，倒不如更像墨西哥的亞熱帶荊棘灌叢多一些。

　　巨柱仙人掌是索諾蘭分布最廣的植物，索諾蘭沙漠是它天然的家。但它的生命絕非在沙地上頭頂驕陽死命支撐，在乾旱與饑渴中苦苦煎熬。恰恰相反，這裡的仙人掌活得欣欣向榮，它們健康挺拔、不屈不撓的形象已經成為了亞利桑那州的象徵。

✤30多種仙人掌扎根於此，它們最長的壽命有200多年，像一個忠誠的戰士一樣保衛著自己的家園。

✳到了乾燥的春秋季節，仙人掌開始開花了，把索諾蘭變成一片最絢爛的沙漠。花朵繼續發育成多肉多汁的果實，這些果實又養育了美洲狐、鬣蜥等小動物。牠們在食物鏈上辛勤勞碌，撐起了彩色沙漠生生不息的生命運作。

年輕時的仙人掌一柱沖天，神態傲然，宛如索諾蘭沙漠一個熱血的圖騰。隨著壽命增長，主幹上漸漸繁衍出很多分支，向著不同的方向肆意伸展，如同千手觀音一樣婀娜搖曳，渴望得到沙漠裡的每一縷陽光，夢想抓住從身邊經過的每一絲清風。對於那些看著它們成長的當地印第安人來說，巨柱仙人掌就像他們的孩子一樣牽腸掛肚，難以割捨，儘管這個孩子的年齡比他們每個人都要大。他們堅信，每一株仙人掌裡面都藏著一個悸動的靈魂，絕不會輕易離開。即使有一天仙人掌歸於老邁，走到生命的盡頭，身體表層的皮膚乾枯脫落，原本多汁的果肉脫水萎縮，在身體裡面還會剩下一層堅硬的木棍，如人的骨架一樣支撐著仙人掌已經乾癟的身體。這些枯骨會永遠屹立在大漠中，不離不棄。它們的靈魂早已與大漠的風沙融為一體，無處不在，永恆陪伴著索諾蘭。

✿巨大的仙人掌根根聳立，如同沙漠的靈魂所在。

在仙人掌的耀眼光環下，索諾蘭沙漠裡的小喬木似乎有些不起眼，它們矮小的身軀縮在仙人掌的羽翼下，是那樣的嬌小柔弱。誰能看的出，低矮的它們會是仙人掌幼年的保護傘？沙漠裡徘徊的小動物都愛躲到它們的樹蔭下去乘涼休息，消化食物的過程中把含有仙人掌種子的糞便排在樹下，仙人掌就在這種環境中成長起來，小喬木為它遮風擋雨，才有了它後來的偉岸身姿。

這些矮小的植物和仙人掌一樣，都代表了索諾蘭沙漠的特色，缺了誰也不可。這片生態系統以互幫互助，互惠互利的形式保持著一種奇妙的平衡。除了先天環境的優越性之外，它們之間的默契合作也是繁榮成長下去的重要因素。沙漠對它們而言並不意味著艱難困苦，看看仙人掌迅速的繁殖速度就知道了，一年裡至少有數百萬種子被小動物們遍撒在沙漠裡，來年就是一片參天的密林。

在索諾蘭沙漠，沒有尋常遊走於大漠時的蕭索荒涼之嘆，眼前被茂密的林木遮蔽了視線，甚至枝蔓都快伸展到了你臉上，帶來一絲綠色的清爽。一轉身就可以看到兀鷲低低地在空中盤旋，最後落在一株巨大的仙人掌上舒適地歇息，有時一隊隊的渡鴉也棲息於此，對牠們而言仙人掌顯然過於高大了，就像站在一座高高的尖塔頂端。偶爾有青鷺從塔下踱著步經過，好奇地打量它一眼。響尾蛇匍匐著在植物間穿行，伴著清晨的第一縷陽光，小動物們開始了在索諾蘭全新的一天。

沙漠尚且如此生機勃勃，那我們的一天呢，想好怎麼度過了嗎？只要心中有水源，希望便不會乾涸，處處都是可以度假的海灘，沙漠也會有綠色的期冀和生命的希望！

搜索地標：加州

Joshua Tree National Park

約書亞樹國家公園

·不可思議的鬼斧神工

約書亞樹乍看上去有些難看，但只有細心觀察才會體會出自然的這份神奇之美。外表粗獷，內心卻溫柔寬廣。並不華麗的軀體下，藏著一顆永遠向上的心，給予人力量。

※由於這種怪樹只此一家，再無分號，它已經成了這處國家公園的註冊商標。

想要遊覽約書亞樹國家公園一定要選好時節，沙漠景觀的曝晒與酷熱並非浪得虛名，如果不是在11月到翌年4月的時候前行，可得小心被毒辣的太陽烤乾。

約書亞樹國家公園位於科羅拉多沙漠和莫哈維沙漠的交界處，以沙漠的地質景觀及動植物聞名。當然，最著名的還是公園的靈魂——約書亞樹。

約書亞樹乍看上去還真是有點難看，遠遠的就像是扭曲的一團，離近了看又像個帶刺的木樁，配著周圍枯槁的野草，顯得很是荒涼，了無生氣。但若是因此就對約書亞樹國家公園走馬看花實在是暴殄天物了。

不過，只要你有充分的耐心來仔細觀察，就會發現約書亞樹其實非常耐看，慢慢地就會體會出這自然的神奇之美。它的樹幹並不算粗，相對而言樹冠卻非常大，占了整個體積的大部分，枝椏向上生長，彷彿是努力地去擁抱天空。葉片深綠色，一團團一簇簇，呈線型，邊緣鋸齒狀。春季裡會開出奶油一樣瑩白的花朵，迎風搖曳。

　　當年摩門教的拓荒者從美國東岸往西岸遷徙，歷盡艱險，幾近絕望之時，突然看到了這些奇形怪狀的樹木，在他們眼裡，那一根根沖天的枝椏保持著一個對上帝祈禱的姿態。正是這祈禱之樹旺盛的生命力，給了他們支撐下去的力量，為了表示感激和紀念，他們用摩門教聖人的名字給樹命名，於是有了今天的約書亞樹這個樹種。

　　約書亞樹有一個非常奇特之處就是它沒有年輪，每棵樹的年齡也都成了一個謎，只能靠人們大致來猜測，看那倔強的伸展著的樹枝，看那輕輕舞動的花朵，也許這顆樹已經有幾百年的漫長生命。公園內最高的一棵樹有12公尺，它已經是一個近千歲的老人了。

*公園內的草原野犬。

　　約書亞樹的周圍聚集著大量的奇岩怪石，億萬年的歲月雕琢，形成了它們現在最原始的縱橫交疊的形態，凸顯的稜角被風雨磨去了銳利，圓潤光滑。現在它們是攀岩者的最愛。守著這眾多天然的岩石山巒，身體內的征服欲被完全的激發出來，在驕陽的灼曬下，每個人都有立刻把大石踩在腳下、對著藍天大吼一聲的衝動。

　　除了奇樹奇石，沙漠中各色地質形態和歷史文化也是公園裡的焦點。棕櫚樹寬大的葉子在風中招展，標誌著一個小小綠洲的存在，樹下是亮晶晶的小水潭，沙漠中的動物悠閒地在此飲水納涼。這樣情趣盎然的綠洲在公園中一共有5處，點綴在平坦的大漠中。印第安人遺址在這裡隨處可見，他們曾勞作過的牧場、礦區都保持著昔日風貌，等待後來者的足跡。

*時光無聲地流逝，沒有年輪的約書亞樹們卻依舊保持了當年它們被發現時那個祈禱的姿勢，任歲月蹉跎。

　　U2合唱團曾經有一張專輯以《約書亞樹》為名，風靡全世界。尖銳的金屬和弦、強勁的酣暢鼓點、激昂的高亢吶喊完美地糅合在一起，詮釋了約書亞樹永恆的經典。細細品味他們的歌聲，那就是約書亞樹的真諦——外表粗獷，內心細膩，滄桑寬廣。並不華麗的軀體下，藏著一顆永遠向上的心，給予人力量，讓人越看越覺得心潮澎湃，無比振奮。

　　若你也有想放棄的時候，不妨聽聽這首歌吧。伴著U2經久不衰的歌聲，讓約書亞樹燃亮我們的心靈。

搜索地標：加州

Redwoods
紅杉樹林

最高大的植物

望無際的紅杉樹讓加州的海岸變得天下聞名，樹林一直延伸到奧勒岡州邊界，穿山跨海。高大的紅杉樹林蔽日參天，在山海之間構建出一個小小的生物王國。

在過去的一段時間內，紅杉樹成了美國西海岸經濟的重要支柱，為這裡的人們帶來了巨大的收益。人類的砍伐一度使這地球上最後的紅杉生長地荒蕪。紅木國家公園已成為它們在地球上最後一片樂土。

加州毗鄰太平洋，這裡擁有明媚的海濱沙灘，幽靜的山林河谷。但令它在美國眾多的海灘風光中脫穎而出、名揚全球的，無疑是那一排排高大的紅杉樹林。

美國的紅木國家公園是北美紅杉樹目前唯一的生長地。紅杉樹跨越了兩種截然不同的地理風貌：加州北部海岸是大面積的海岸紅杉，莽莽的海邊森林一望無際，綿延不絕；從舊金山往西北直到奧勒岡州邊界，臨海的山區裡則分布著大片的山脈紅杉。整個紅木國家公園南北延伸近600公里，成片的森林蔚為壯觀。當年伴隨著淘金風潮顛沛至加州的人們，驚訝地發現了他們從未見過的參天大樹。巨大的樹幹直插雲霄，枝葉在風中搖曳著，發出駭人的聲響。成熟的紅杉樹可達100多公尺，是植物中最高的樹種，比起城市中的摩天大樓也毫不遜色。幾十公尺的樹冠之下則沒有旁枝，主幹裹著一層厚厚的、呈深紅玫瑰色的樹皮。這層厚外衣將紅杉樹保護得刀槍不入，再加上它的生命力頑強，即使把樹根切碎也能重新再長出來，被認為是世界上最神奇、最珍貴的樹種。

但更神奇的是紅杉樹的歷史。從遙遠的侏羅紀生存至今，經歷著山風呼嘯、海水沖刷、雨雪雷電的洗禮，它卻依然保持著最完美的形態。恐龍滅絕了，冰河封凍世界，唯有紅杉樹還頑強地生長著，在加州落地生根，安然地度過了一億多年歲月。現存的紅杉樹都是生命遠遠長於人類的超級壽星，海邊的紅杉樹能長到1500年，山谷紅杉則更為誇張，遍地都是2000～3000年的老樹，傲然睥睨著人世的滄海浮沉。

雖是生命頑強，雖能澤被四方，經歷了億萬年風雨的參天巨樹卻無法掌握自己的命運。它的歸宿，或許就在我們一念之間。而千年紅杉樹早已超然世外，靜靜地準備面對所有不可知的未來。

當晨曦的第一縷陽光劃破天際的時候，紅杉樹林也沉浸在一片朦朧的薄霧中，濕潤且溫暖。紅杉樹用它褐色的外衣盡情吸納著，水汽在葉尖上凝成晶瑩的水滴，跌落在泥土裡，沖刷著腳下由幾個世紀的落葉與泥土混合鋪成的寂靜的地毯。

搜索地標：亞利桑那州

Petrified Forest National Park

石化森林國家公園

木與石的奇蹟

它 是森林的化石，化石的森林。億萬年前的森林深深眷戀著自己生存的土壤，它們以獨特的方式延續著生命，彷彿那冰冷的軀幹裡面有種頑強的東西在支撐著，不願離去。

※公園南區是著名景點「彩色沙漠」。這裡的沙漠其實無沙，本是寸草不生的荒野，乾涸的河床和沙漠一樣枯燥無趣，但偏偏有彩色「岩石」點綴其間，一片醒目的斑斕。

與 我們記憶中的森林完全不同，這裡沒有蒼翠挺拔、鬱鬱蔥蔥，只能看到眾多的樹幹倒臥在地面上，橫七豎八，宛如廢墟上的斷壁殘垣。離近了仔細觀察，才會發現這些樹幹竟然都已石化。它是森林的化石，化石的森林。它以獨特的方式延續著生命，彷彿那冰冷的軀幹裡面有種頑強的東西在支撐著，不願離去。

美國亞利桑那州北部的石化森林國家公園是世界上最大的石化森林集中地，這裡分布著數以千計的樹幹化石，直徑

平均都在1公尺左右，長度在18～24公尺之間，最長的甚至接近40公尺，儼然一艘擱淺在旱地的大船。這些化石並不似平常的石頭那般灰禿禿的了無生氣，它們的年輪依舊清晰可辨，還保持著昔日的勃勃生機，顏色也五彩斑斕，在陽光下甚至反射出七彩光輝，如同一地碎玉，令人眼花繚亂。

1.5億年前，這裡也曾是蔽日參天的密林，後來洪水漫延，夾帶著泥沙、火山灰等雜質，將樹木裹了厚厚的一層。而海水在地殼變遷的作用下也無法永遠占據主導，終於有一天，陸地再次浮現，埋藏地下的樹幹跟著重見天日。然而樹幹與雜質的擁抱太過親密，各種礦物質早已深深滲進樹幹細胞，彼此糾結著，自此你中有我，我中有你，再也分不開，繽紛的色彩就是這段歷史永遠褪不掉的印記。

密集的石化森林主要有6片，每一片都有一個形象的名字：最美麗的叫做彩虹森林，其他的有碧玉森林、水晶森林、瑪瑙森林、黑森林和藍森林。只是聽這些名字，就把我們帶進了一片流光溢彩的殿堂，營造出一片奇異的魔幻氣氛。

在一段段完整的樹幹周圍，還散落著眾多破碎的木塊化石。最為奇特的是，儘管它們的歷史比人類全部進化史都要漫長，但卻依然保持著清新自然的氣息。

古代印第安人曾經在此生息，化石上隨處可見他們留下的遺跡，為後人研究印第安文明留下了豐富史料。他們甚至還用化石樹建造房屋，在石化森林裡住得其樂融融。印第安人早已不在，他們留下的樹洞裡，偶爾還能看到小動物棲居的身影，牠們帶著幾分驚恐與好奇張望著往來的遊客。在這片只有石頭和黃沙的土地上，牠們的生存近乎奇蹟。

其實每個生命都是大自然創造的奇蹟，他們又接連不斷地製造出更多的奇蹟。周而復始，生生不息，推動著星球傳動，四季輪迴，時光流逝。願奇蹟與這片化石森林永存。

搜索地標：南達科他州

Wind Cave National Park

風洞國家公園 微風迎客

風 洞的入口有一陣微風拂面，像是風洞在歡迎不畏艱難、勇於探索的客人們。心底的勇氣突然被激發，帶著我們直到風的盡頭。

氣 流穿梭在狹長的洞穴裡，風速高達每小時70公里，帶著席捲一切的氣勢。當年洞口呼嘯的風聲吸引了人們的注意，風洞國家公園就此呈現在世人面前。

風洞內部的結構頗為複雜，有迷宮洞之稱。洞口尤為狹窄，僅能容一人通過。要爬過一段陡峭的走廊才能到達風洞入口。一陣微風拂面，涼爽愜意，像是風洞在迎接不畏艱難的客人們。沿著甬道慢慢深入，越是狹窄的地方，迎面吹來的涼風就越強。比起其他的地下洞穴，這裡的環境略顯乾燥，洞穴頂與石壁上有奇怪的蜂窩型岩石結構，數量眾多，鐘乳石和石筍三三兩兩矗立著，如同一個巨大的西洋棋盤上對峙的雙方幾顆稀疏的棋子。

這個複雜的地下宮殿一直都是印第安人的聖地。在他們的傳說中，北美草原的野牛就是從這個洞穴鑽出來的。直到今日風洞仍沒有被發掘到盡頭，新的坑道和分支不斷被發現，不知何時才能走到風之源頭。

✳風洞已經探明的長度大約在200公里左右，是世界上第四長的洞穴。

搜索地標：肯塔基州

Mammoth Cave

猛獁洞穴

沒有猛獁的猛獁洞穴

這裡沒有猛獁，這裡比任何一個猛獁都要巨大，黑暗寂靜的地下世界所帶給人們的刺激，遠遠超過猛獁巨獸本身。

不要以為猛獁洞穴裡面真的有猛獁巨獸存在的痕跡，這個位於美國肯塔基的巨大地下溶洞其實與猛獁毫無關係，如果只是用體形大小來形容的話，那猛獁洞穴龐大到足夠裝得下一隊猛獁來開會了。

這裡絕對是世界上最長的地下迷宮，也許只有上帝才知道幽深的地下究竟還延伸出多遠我們還到不了的地方。至今這仍舊是探險家們前仆後繼的話題，猛獁洞穴每一公里的發現史上，都閃耀著他們汗水的光輝。

猛獁洞穴的255個溶洞一共分為5層，上下左右互通，洞中套洞，撲朔迷離。這層層疊疊的洞裡還藏了77個地下大廳、3條河、8道瀑布，無數大大小小的地湖遍布，石筍林立，可謂機關重重，險象環生。有一座大廳的頂棚是富含錳的黑色氧化物形成的，上面卻還點綴著雪白的石膏結晶，抬頭望去，黑白閃爍，交相輝映，宛如星辰璀璨的蒼穹。人們在地下望天，嘆為觀止。

洞裡未經過任何人工斧鑿，保持著最純粹的味道，這也是猛獁洞穴的魅力所在。那股鮮活的原始氣息帶給人的震撼，不亞於面對一隻活生生的猛獁巨獸。

印第安那大蝙蝠在頭頂展翅飛過，牠們鍾愛的黑暗，卻讓進來探險的人們心悸。滅掉燈光，閉上眼睛，進入一片黑暗寂靜的地下世界。噓……你聽到什麼聲音了嗎？或許那就是在你身邊猛獁的呼吸。

✳猛獁洞穴已經被開發出的長度近600公里，但仍遠不是它的盡頭。

搜索地標：新墨西哥州

Carlsbad Caverns
卡爾斯貝洞窟

・通往地心深處

因為充滿太多的未知，神秘的地下世界總是能引發人們的無限遐想。儘管離地心還差得很遠，但黑暗中那份沉重的壓抑感，卻讓人懷疑自己隨時都有可能從哪個洞口滑入地縫的深淵，萬劫不復。

全世界再沒有哪個地方能比卡爾斯貝洞窟更適合演繹凡爾納經典小說《地心遊記》了。這裡是一個曲折幽深的地下洞穴群落，大大小小81個洞穴交織而成一張大網，在我們很少涉足的地下世界隱秘地鋪陳開去，整個面積接近200平方公里，長近百公里，最深的洞穴直通地下305公尺——這是人類迄今為止探測到的最深的地下洞穴。儘管離地心還差得很遠，但地下世界那份沉重的壓抑感，卻讓人懷疑自己隨時都有可能從哪個洞口滑入地縫的深淵，萬劫不復。

卡爾斯貝洞窟位於新墨西哥州，早在2.8億年前就已初具雛形。那時候雨水滴在當地的高山上，一點一滴地滲入石灰岩山體，鬆軟的岩石逐漸瓦解，漸漸被雕鑿出洞穴和隧洞。雨水橫流，隨意而為，洞穴的形狀也就千姿百態，不一而足。漸漸地，就形成了今日規模龐大的地宮。

洞穴按深度共分為3層。人眼所能看到的部分最多只有整個群落的十分之一，更多的部分是我們現在無法探知的。而這十分之一，已足夠我們驚豔。由於曾經是廣袤無垠的海洋，至今洞裡仍有海洋生物留下的痕跡。在這裡，我們可以看到絢麗多姿的鐘乳石掛滿石壁，尖尖的石筍聳立在洞穴之間，有的呈針狀尖銳鋒利，有的呈柱狀挺拔高大，在燈光的映射下流光溢彩，令人目不暇接。

「石炭帷幕」是洞中的奇景之一。連綿的鐘乳石盤根錯節，如一面巨大的帷幕張開，將地下洞穴裝點得富麗堂皇。這天然的帷幕比能工巧匠織就的還要精緻，輕輕地用手指叩打，會發出悅耳的鳴響；另一處令人稱奇的景觀是「洞穴珍珠」，當年雨水中的雜質顆粒被裹上了溶化後的碳酸鈣，一點點變大，最終形成了有光澤的石球，色澤瑩潤，小巧玲瓏，就像一顆顆明珠一樣熠熠發光。

人類對於這片地下洞穴只是匆匆過客，100多萬隻墨西哥無尾蝙蝠才是這裡真正的主人。牠們愛上這裡的潮濕與黑暗，選擇在此安家落戶。白天，牠們倒掛在隱蔽的角落裡養精蓄銳，直到屬於牠們的夜幕馬上要降臨了，蝙蝠才精神抖擻起來。每天這時候，人們都可以看到成百上千的蝙蝠傾巢而出的壯觀景象，黑壓壓的遮雲蔽日，膜翅破空之聲若雷霆萬鈞，場面之壯觀宏大極為罕見。

因為充滿太多的未知，神秘的地下世界總是能引發人們的無限遐想。做好足夠準備來一探究竟了嗎？或許某一個洞穴的入口，就是通往地心之門，現在它還靜靜地等待著你的開啟，帶上你的勇氣和幸運，現在就出發！

☙ 在世界新八大自然奇蹟的評選中，卡爾斯貝洞窟排名第五，這也是所有「奇蹟」中唯一一個地下奇觀。

搜索地標：喬治亞州、佛羅里達州交界處

Okefenokee Swamp

奧克弗諾基沼澤

沼澤中的王者

乍看上去，滿是新奇野生動植物的奧克弗諾基沼澤寧靜祥和。但無論是水面下目光陰冷的短吻鱷，還是踩上去如同腳下無根、漫步雲端的泥炭地形，都給這裡增加了詭異、危險、陰森和妖冶的美麗。

奧克弗諾基沼澤的名字讀起來有點拗口，複雜得就像外星球的某個地點，遙遠得無法觸碰，其實這是個再貼近自然不過的地方，甚至只要一伸手就可以摸到短吻鱷硬硬的鼻子，當然你還得有足夠的膽量。

奧克弗諾基沼澤位於喬治亞州南部，與佛羅里達交界的地方。它複雜的名字來源於印第安語，意思是「戰慄的土地」，形容這一大片沼澤濕地那種柔軟的、海綿似的泥土造成的不穩固的感覺。在這片土地上，連空氣裡都流淌著驚心動魄的元素。常年的植物落葉與動物身體堆積在此，

❋沼澤區長約65公里，寬40公里，由許多的島嶼、森林、濕地和開闊的水域組合而成。

形成了泥炭地形，越積越厚，而泥炭的下方仍然是被水充滿的，所以走在上面並不是腳踏實地的堅定感，而是綿軟的無根感，似乎整個大地都在顫抖搖晃，讓人隨時都會掉入無底的深淵。

不過，這種顫慄感反而成了沼澤地的特色與商機所在，在它那座非常先進的遊客中心裡，可以找到一個專門感受踩在泥炭層上搖晃感覺的設備，讓人如漫步在雲端。

微風吹過，如同將鏡面打碎，無數碎片在陽光底下發亮，熠熠生輝，一同閃耀著炫目的光芒。各種各樣的濕地植物四散叢生，茶色的泥沼上綻放著一朵朵飽滿的荷花，給濕潤的空氣中注入清新的香氣，松鼠在樹枝間跳躍著，這裡是著名的野生動植物保護基地，蔥郁鮮豔的植物，活力四射的動物，都洋溢著勃勃的生機，讓人感到徹底地回歸自然。

然而在美麗的寧靜下，仍然可以嗅到神秘和驚悚的氣味。你感覺到背後灼灼的目光了嗎，是否加重了你在這個蠻荒世界裡內心的不安？它來自水面上一雙不大的眼睛。這就是世界瀕危動物——短吻鱷。據說牠們是遠古恐龍的後代。牠們將枯木似的一段身體露在水面上，在屬於自己的水域王國中靜靜滑行，用陰冷的目光盯著往來的遊人和船隻。

平時，牠們並不會侵犯人類，但是河面上飄來飄去的「枯木」仍然讓人從心底泛起一股寒意，但也正是牠們給這裡帶來了一種別樣的風情，交織著詭異、危險、陰森和妖冶的美麗。

有一項活動在這裡是一定要嘗試一下的，那就是划獨木舟。這是與沼澤最貼近的一種遊覽方式。在廣袤的原始密林中，搖槳泛舟水面，迎向燦爛的夕陽，飽含芬芳的濕潤水汽撲打在臉上，不覺又多了幾分愜意。小獨木舟徐徐前進，頗有幾分出塵飄逸的味道，就像一個隱逸山野裡的隱士，以林為伴，以水為床，避開世事紛擾，追尋那種「考槃在澗，碩人之寬」的悠遠意境。

當然，你還要小心水中的「暗礁」。可能一個不小心，小船就撞上了短吻鱷那厚重的鎧甲，當然結局往往是彼此相安無事，鱷魚懶洋洋地打量你一眼之後，給予闖入牠領地裡的人類無限寬容，牠和你繼續向左走向右走。

這就是沼澤地裡的生活，全都是因為那份潛在的驚喜與刺激，才會變得異彩紛呈。

✿沼澤地中生長的食蟲植物——瓶子草

✿白日裡，沼澤地的水面是深得發亮的黑藍色，水面平靜，像一面鏡子，反射效果極佳。

搜索地標：科羅拉多州

Mesa Verde National Park

梅莎維德國家公園

・荒原上的空中樓閣

科羅拉多並不是適合人類居住的土地，但梅莎維德卻成為懸崖上印第安人安居的家園。無論多少艱難困苦，都割不斷對家的眷戀。正是這份執念，支撐起了梅莎維德的天。

如果不是一場特大旱災迫使印第安人放棄了辛苦營造的空中家園，這裡也許會發展成一座集中高度文明的城市。但歷史始終無法假設，梅莎維德這片土地沒得到進一步高飛的機會，現在只餘遺跡來讓人憑弔。

科羅拉多高原是一片荒涼到近乎殘酷的土地。這裡有沙漠、峽谷、岩拱、峭壁、風沙、酷暑、乾旱……不管哪樣看上去都不大適合人類居住。或許它過於粗獷蠻橫的線條，難以承載人類細膩豐富的情感。

但總有那麼一些人，能夠做到常人以為不可能的事情。1888年的冬天，兩個牛仔走到了科羅拉多高原的西南角，意外的被一片懸崖擋住了去路。眼前的景象令他們驚詫萬分。懸崖高處，嶙峋的怪石上，居然密密麻麻地豎立著一些磚石房子，而那本是他們覺得無法到達的絕壁。在興奮的牛仔眼裡，這些簡陋的房子就如同一座宮殿那麼氣勢磅礡。他們隨口叫它「懸崖宮」。

懸崖宮剛一露面，就吸引了全世界好奇的眼光。一批批的考古學家、冒險家紛至沓來。1906年，美國通過了保護懸崖遺址的法令，在這裡建成了「梅莎維德」國家公園，這是美國唯一一個為保護人造建築而建的國家公園。1979年，聯合國教科文組織把它列為世界文化與自然遺產保護單位，使梅莎維德更加名聲大噪。

據考古研究，梅莎維德是550～1270年間印第安土著人的居住地。為了對付外族和野獸的入侵，他們選擇了極為獨

特的生活方式：攀上萬丈懸崖，在峭壁間開山鑿石，興建家園，因此在歷史上被稱做峭壁居民。壁面上鑿出了一個個小洞，僅僅是手指和腳趾可以插入，印第安土著就靠著這些小洞上下攀爬野獸都難以征服的懸崖，頗有幾分輕功高手飛簷走壁的味道。

城內保存完好的建築都以磚牆圍護，有成套的住宅、公共的庭院和宗教建築物。「絕壁宮殿」是最大的房屋群，有200多個屋子，外表看上去很像一所現代化的公寓。「雲杉木樓」是另一處著名景點，有房舍100多間，房屋的形狀有方形、圓形、三角形，全按懸崖上的空地分布設計，布局緊湊，構思巧妙。種種跡象都表明，當時的土著人已經具備了先進的社會文明。

繞過狹窄崎嶇的山路，攀上一道膽戰心驚的長梯，登上2000多公尺的懸崖，耳邊灌滿呼嘯的風聲，你才能看到一個完整真實的懸崖宮。而這是當年的印第安人每一次為了回家都要付出的努力。前方是一條千難萬險的路，可盡頭就是他們的家。對於飽經動盪的印第安人來說，家就代表了全部的光明與溫暖。正是印第安人對家園永遠的執念，支撐起了梅莎維德的天。

❋儘管只是一個成簇房舍聚集的群落，但實際上懸崖宮已經初具城市的規模。

又一隻鳥兒展翅掠過梅莎維德上空，就像一生忙碌的人們，努力地尋找棲息之所，總是嚮往著更高更遠。歷史的煙塵無法湮沒文明的痕跡，即使步履蹣跚，而我們已走過⋯⋯

❋雖然已經廢棄近千年，還是能看出當年懸崖宮規模的宏大與建築工藝的精巧。

Chapter 3

繁華風貌

搜索地標：華盛頓哥倫比亞特區

Washington, D.C.

華盛頓哥倫比亞特區

· 永遠的首都

身為美國200多年的首都，聯邦政府所在地，國家的政治文化中心，華盛頓的地位超然。數不清有多少歷史的榮權集中於此。它見證了歷史，同時也在創造歷史。它深藏著美國所有的光榮與夢想，是美國人最深沉的感情寄託所在。

　　國之都的氣勢果然是非同凡響的，同其他任何的大城市都不一樣。即便只是靜默地存在，也難掩逼人的莊嚴氣派。作為美國乃至世界政治的晴雨表，美國行為的策源地，我們審視華盛頓的眼光怎能不小心翼翼？

　　華盛頓的全稱是華盛頓哥倫比亞特區，在行政上完全獨立，不隸屬於任何一個州，相當於美國的直轄市。身為美國200多年的首都、聯邦政府所在地、國家的政治文化中心，地位超然。但當年它只是個灌木叢生、人煙稀疏的小小村落。

　　它的崛起還要歸功於南北雙方議員的私心。1790年建都之際，他們想把都城設在本方境內，最後還是德高望重的華盛頓總統出面調停。他慧眼獨具，看中了南北雙方天然的地理分界線——波多馬克河畔長寬各為16公里的地區作為首都地址，讓南北方議員都無話可說。小村子搖身一變，立刻成了舉足輕重的開國之都，看來地理位置優越註定是要占些便宜的。新首都的名字是為了紀念開國元勳華盛頓和哥倫布這位美洲大陸的發現者。經過10年的規劃建設，1800年，美國正式從費城遷都至此，從此坐穩了江山，一發達便是200餘年

❁圓頂的國會大廈不僅是華盛頓最顯著的標誌，也是美利堅合眾國政府最顯著的一個象徵。

✤華盛頓石碑全部由白色大理石砌成，沒有任何虛華的雕飾，平淡之處卻是民眾最真摯的情感寄託所在。

然而遺憾的是華盛頓總統卻已在1799年仙逝，只差1年的時間沒能進駐自己親手選中的都城，令人不勝唏噓。幸而如今華盛頓一派繁榮昌盛的氣象，天天在總統山上俯瞰的總統想必也可以安心了。

華盛頓的城市布局充滿了嚴謹與縝密。國會大廈所在的高坡處是全市最高點，以此做為市中心，將整個市區像正方形內畫格子一樣畫成規整的4個部分。國會山是中心點，東西軸線和南北軸線的交匯處。東西軸線兩側的街道嚴格地按照英文字母順序命名，絕沒有逾越、遺漏和混亂，26個字母用完了再以雙位字母重新開始一輪。南北軸線兩側的街道則以阿拉伯數字為序開始命名——這麼嚴肅刻板的排列組合實在令人咋舌。看來美國人雖然天性散漫，在都城的建設上卻是一板一眼絕不含糊。國會山周圍呈放射狀四散的斜向街道統統以美國最初的13個州命名為大道。其中一條穿越了國會山和白宮，一直延伸到了西北方向的喬治城，這就是最著名的賓夕法尼亞大道。

華盛頓在美國的城市中屬於低調的一個，面積不大，氣勢上也不似紐約那般張揚。首都的風頭都被其他的城市搶盡了，那它獨步天下的魅力又在何處呢？到了華盛頓，似乎掰著手指頭也數不清自己要去多少地方走走看看，那麼多神奇的建築都曾見證了歷史，並且正在創造著歷史，甚至須臾間改變世界。白宮、國會山、五角大廈、名目繁多的紀念堂……這個城市本身就像一個大的博物館，向遊人展示著美國200多年來的歷史。

華盛頓的城市功能簡單明確，全市基本上沒有什麼工商業發展。它全部的產業就是政治，所有的意義都與政治休戚相關。但政治並不意味著遠離民眾。遊人可以在白宮和國會山區域自在地閒逛，近距離體驗美國文化。想要多方面多角度地了解華盛頓，只有兩個字：行走。你只能選擇行走，走在一個又一個的景點之間，因為沒有什麼公共交通工具能將它們彼此相連，觀光汽車昂貴且潦草，蜻蜓點水般地掠過，難以讓你領會它們所蘊含的深意。你最好堅持行走，因為旅途周圍的風景全都是這個城市不凡的紀念，唯有細細品味，方能找出那些藏在細微處的感動與震撼。

由於沒有工業污染，這裡的青山綠水都格外秀麗，一條條的大道旁綠樹如茵，豁然開朗，隨處可見花草、綠地、雕塑和噴泉。街道寬闊、整齊、肅靜，絕對不像紐約那般熙來攘往，但也不會如一般人所想的戒備森嚴，這就是首都的威

嚴與親切。

　　眾多的標誌建築裡，哪裡才是這個國家至高無上的榮光？不是白宮也不是國會山，這個榮譽屬於市中心的華盛頓紀念碑。華盛頓的豐功偉績，無人可望其項背。美國人對於元勛的景仰與紀念是發自內心，沒有止境的。紀念碑高約170公尺，是一座普通的無字方尖碑，樸實無華。它東仰國會山，西望林肯堂，南視傑佛遜紀念堂，北瞰白宮。按照華盛頓特區的規定，這裡所有的建築不得高於此碑，於是它又占領了全特區的制高點。華盛頓的建築似乎偏愛白色。華盛頓紀念碑、白宮、國會山、傑佛遜紀念堂，無一不是潔白的大理石築造，色系簡單、造型精緻。白色傳達的是一種神聖、整潔的理念，威嚴卻不沉重，活潑卻不輕佻。建築風格也是明朗了然的，不用冗雜突兀的裝飾累贅，它們不需要這些小花樣來吸引人們注意力。存在即被感知。面對這些建築，心中自有縱橫捭闔的氣勢，何須再去刻意地流露？

　　這就是一個真實的華盛頓。它確實是低調的，沒有宣傳語，沒有廣告詞，沒有五光十色的浮躁與喧鬧，但也沒有一個城市能將其超越。所有的光輝與榮耀、激情與夢想，深藏在華盛頓的每一條大街小巷，傳遞於每個人心中，屹立不搖，萬世流芳。

❋林肯紀念堂是為了紀念亞伯拉罕·林肯總統而修建。紀念堂內有大理石雕成林肯總統坐像供人瞻仰。

❋俯瞰華盛頓，會發現這裡很少有10層以上的高樓，但所有的建築物都透著一種首都所特有端莊與雄渾。

搜索地標：紐約州

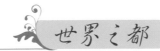

New York City

紐約

世界之都

紐約就像一首詩，一首濃縮在一個狹小空間裡、樂感跌宕的詩。所有的生活、種族、血統，最好的與最壞的，最新的與最舊的，都被濃縮於此。散發出詩一般的魔力，讓不甘心平凡生活的人們無法抗拒。

你一定還記得這樣一句話：「如果你愛他，就把他送到紐約，因為那裡是天堂；如果你恨他，就把他送到紐約，因為那裡是地獄。」

我們曾經從電視劇裡了解到一個在天堂與地獄之間遊走的紐約。那裡像天堂一樣富庶、自由，似乎遍地黃金，人人都有機會發財揚名。那裡又像地獄一樣艱辛、險惡，到處都是陷阱，一個不留神就會滿盤皆輸。人們愛它，嚮往它，卻又恨它，懼怕它。

這個紐約同時被理想化和妖魔化了。事實上紐約只是人

✿「不夜城」的任何時刻都是明亮且清醒的，絕不會因為夜幕而失去自身的光澤，讓身在其中的人也不由自主地興奮起來，剎那就彷彿已穿越了時間。

間的一個普通城市，只不過它太著名，太張揚，所以太過招搖。

大西洋海岸的東北部，紐約如一顆明珠熠熠生輝，驕傲地散發著奪目的光芒。都市的空氣裡，彌漫的都是繁華逼人的味道。城市的上空不知道籠罩著多少燦爛的光環——美國第一大都市，第一大商港，美國乃至全世界的商業金融、文化娛樂中心，華爾街與聯合國總部所在地，全球三大國際化的都會之一。它的舉手投足都牽動著全世界無數根神經，包括政治、經濟、媒體、教育、娛樂、時尚。世人稱它為「世界之都」，儼然已經是現代化全球都市文明的傑出代表。在全世界經濟低迷的時期，它卻像借了天使的翅膀，飛到了天空的最高點。

它還擁有著其他各種形象的綽號。24小時的交通系統和從不間斷的人流，讓紐約成為一座「不夜城」。它的任何時刻都是明亮且清醒的，絕不會因為夜幕而失去自身的光澤，讓身在其中的人也不由自主地興奮起來，剎那就彷彿已穿越了時間。「愚人村」這個稱呼則來自小說家華盛頓·歐文1807年的小說，聽上去似乎和精明的紐約並不相稱。而「大蘋果」顯然是它最可愛的暱稱。因為在20世紀初，對外來的移民而言這裡是一片嶄新的天地，處處充滿機會，像一個紅彤

✤帝國大廈初建成時曾是世界最高的建築，時至今日，即使已被諸多後起之輩所超越，但它作為紐約象徵而具有那種睥睨天下的氣勢，卻恐怕是無法超越的了。

布魯克林
大橋

連接曼哈頓島和布魯克林區、
橫跨紐約東河的布魯克林大橋,
全長1834公尺,是當今世界上最
長的懸索橋之一。

彤的大蘋果一樣，香氣四溢，好看，好吃，人人都想撲上來咬一大口嘗嘗甜頭。紐約有太多懷著夢想的外來者，他們帶著或高或低的目標在這裡相遇，掉進紐約這個光怪陸離的大染缸。紐約有能力為他們創造未來的模稜兩可的禮物，因為它是一個兼備成全與毀滅雙重功能的城市，這是它的神秘特性之一，就好像蘋果也會有甜有酸，沒有人知道咬下去是什麼樣的滋味，能嘗到什麼則要看你的運氣了。

鱗次櫛比的高樓大廈構成了紐約的城市主題，五顏六色的霓虹燈和絢爛奪目的玻璃幕牆晃得人眼睛發花，自有大都市特有的富麗堂皇情調。帝國大廈、克萊斯勒大廈、洛克菲勒中心相輝映，100多層的高樓直聳雲霄，巍峨壯觀。紐約也因此得名「站著的城市」。只是紐約人引以為傲的地標—世貿大廈永遠地倒塌在火焰和煙塵中，紐約下城轉眼間就回到了三十年前的模樣，再也沒有雙子星的光芒閃耀。

曼哈頓是紐約市的中心城區，它幾乎濃縮了紐約所有的精華。一座座高樓如長矛般刺向天空。世界著名的百老匯、帝國大廈、格林威治村、大都會藝術博物館都集中在這片不到60平方公里的土地上，更不用說大名鼎鼎的華爾街和聯合國總部—這都是財富與權力的象徵。

全美最大的500家公司中，1/3以上都選擇把總部設在曼哈頓。各大銀行、獨占企業也在此設立了中心據點。世界金融、證券、期貨、保險行業的精華全都集中於此，紐約證券交易所的數字變動讓多少人的心都跟著起伏。「曼哈頓一咳嗽，全世界都會顫抖。」這絕不是誇大其詞，如此密集的輝煌讓世人肅然起敬。現在它依舊向空中延伸著，沸騰的人群與飛揚的煙塵都已被拋在腳下，變得極為渺小，只有那些活力十足的摩天大廈才是希望與激動的象徵。

中心的第五大道如今已是寸土寸金，成了「最高品質與品味」生活的代名詞。道路兩旁包攬了世界上最著名的品牌商店，從高雅的時裝到名貴的珠寶，應有盡有，是世界獨一無二的購物天堂。多少富豪名媛在此揮金如土，裝點著他們的品味生活。這裡每天上演的都是美國最典型的現代生活場景，工作與休閒，奮鬥與享受，衣冠楚楚的紅男綠女們腳步匆匆卻不失從容，他們詮釋著這個城市輝煌成就背後的內涵——優雅、華麗、自信且時尚。

皇后區是紐約另一個著名的街區。遊覽皇后區如同周遊一個小世界。紐約果然是一個國際化的大都市，接納著來自五湖四海的移民以及他們的文化。西班牙語和法語不絕於耳，法拉盛的中餐館極為道地，鮮豔的印度紗麗飄揚在大街上，如一面面迎風招展的旗幟。

但是皇后區帶給你的震撼絕對不只是多元的文化因素。所有的這些都比不上與曼哈頓的面貌差異更讓你驚訝。這裡沒有高樓，沒有商業區，沒有衣著光鮮的職業男女。低矮的平房建築雜亂昏暗，骯髒的貧民窟散發著汙濁的氣息，醉漢在街道上徘徊，乞丐伸出渴望的手，流浪漢窩在街邊瑟縮，孩子們爭搶著破舊的籃球……而離此不遠，帝國大廈的燈光還高傲地閃爍著，它似乎永遠看不到這個城市的另外一面，也許是看到了卻無動於衷。自由女神手中的燈火依然長明，但自由的光芒卻無法照耀到這些陰暗的角落。紐約的兩種面具和諧共存著，摩天大樓與貧民區一樣真實。

只有親眼目睹這一切，你才能深刻理解那句天堂與地獄的比喻。這個城市就像一首詩，一首濃縮在一個狹小空間裡、樂感跌宕的詩。所有的生活、種族、血統，最好的與最壞的，最新的與最舊的，都被濃縮於此。它詩一般的魔力吸引著全世界的人。雖然是現代化的大都市，卻有著和古羅馬競技場一樣的本質，能活下來的都是堅毅的勝者，黯然神傷的則是生活的輸家。與對手和自己比個高低，天堂與地獄，不過是在一念之間。

在充分的認識了紐約之後，你還想嘗一嘗這個「大蘋果」的味道嗎？像有一首歌裡唱的那樣：「如果你能在紐約成功，你可以在任何地方成功。」背起背包去追逐夢想吧。在這座不睡的城市裡，心頭也有種情緒整夜的激盪著，那是某種悸動，某種渴望，某種困惑以及某種莫名的感慨，就如同這座複雜的城市，身在其中卻當局者迷，或許我們永遠無法把它認得清。

✤從空中俯瞰紐約，這個繁華的城市顯得格外適合來作為「現代都市」的代名詞。

紐約無疑是全世界最快節奏的都市之一。這座年輕的舞台，輪番上演著各具特色的劇碼，在衝突與融合的微妙互動之間，激盪成一股異常旺盛的生命力，也呈現出多姿多采的誘人風貌。

搜索地標：加州

Los Angeles

洛杉磯 · 天使之城

當年為宗教而建立的小鎮，現在已經成了全球文化、科技、媒體、經濟、國際貿易中心城市之一。洛杉磯顯然是一個讓夢想成真的地方，因為這裡是天使之城，天使能清楚地聽到你夢中的私語。

莽莽的聖蓋博山與浩瀚的太平洋比鄰而立，形成了一個溫柔的臂彎，將天使盡情呵護，幸福且溫暖。1781年，西班牙人在這裡建起了一個小鎮，把它稱做「天使女王聖母瑪利亞的城鎮」，簡稱「天使之城」。200多年後，西班牙人神聖的膜拜早已成為歷史，天使終究未能抵擋紅塵的誘惑，褪去神秘色彩，墮入了人間的燈紅酒綠。

這個小鎮就是位於加州南部的洛杉磯，現在它早已不只是當年宗教意義上的小城。20世紀初隨著石油被發現，洛杉磯迅速崛起了。二戰後更是發展得欣欣向榮，移民激增，城區擴展，現代工業、商業、金融業、娛樂業和旅遊業全都神奇地走在了世界前列。洛杉磯如今已是美國僅次於紐約的第二大城市，全球文化、科技、媒體、經濟、國際貿易中心城市之一，處處彰顯著大都市的氣派繁華。好萊塢星光大道的熠熠光輝讓其更加耀眼奪目，多少人的夢想從這裡出發，在天使的城市裡徜徉盤旋。

拋開那些耀眼的光環，洛杉磯的風景依稀還帶著幾分當年的青澀，並沒有太多大都市的奢華，是個秀美宜人的海濱城市。夏天是最佳的旅遊季節，太陽似乎每一分、每一秒都在變幻著，色彩流轉，溫度起伏，總是帶給人全新的感受。路邊的花圃五顏六色開得燦爛，在夏季微風中輕輕搖曳，草木清香輕柔地飄在空氣中，給疲憊的人帶來舒爽愜意。

從洛杉磯市的布局可以看出洛杉磯人對家的熱愛。整座城市最常見的是千萬棟一家一戶的小住宅，半掩在道路兩旁的綠樹後，小小的庭院造型精巧，色彩淡雅，情調溫馨，各具特色，並不奢侈，像一首低低吟唱的爵士民謠。每一次走過城市的平地山丘，看這些可愛的小院落，家的感覺近在咫尺，似乎每一個院子裡都有天使往返的氣息。

高樓集中在市中心，鱗次櫛比。高速公路與城市街道四通八達，密如蛛網，延伸到城市每一個角落。洛杉磯不僅是

這裡的黃昏是最美的，落日餘暉給浪漫的城市鑲上了金邊，恍惚間心也跟著夕陽遠去了，周圍的一切都是渾然天成，忘卻人間。

全美國交通最發達的城市，同時也擁有全美數量最多的汽車，被稱為「輪子上的城市」。雖然這是形容路上熙來攘往的車輛，但聽上去就像給洛杉磯安了一對天使的翅膀，低低盤桓著，沒有人知道它在何時何地會駐足棲息。整個城市就以這種匀速的節奏律動著。一向自詡有創新精神的洛杉磯人在每一個細微之處都尋求著突破，這就是洛杉磯的性格——蓬勃的時代感卻淡然不張揚。

加州海岸得天獨厚的地理優勢，讓身在其中的每個人都宛若天使。海灘是洛杉磯最唯美的景致，天使之城的純真讓這裡的陽光細沙尤為風情萬種。到處是歡笑著的人，有的吹海風，有的曬太陽，還有人帶了寵物來散步。沙灘上的腳印瞬間就被淹沒，回頭望去了無痕跡，甚至還來不及去回味和懷念，新的喜悅便又圍了上來。前方似乎沒有路，又處處都是大路，時時都有希望。

距離市區40分鐘的車程，便到了著名的好萊塢。正是好萊塢電影王國的存在奠定了洛杉磯在文化藝術界的國際聲譽。遠遠的便能看到寫在山頭巨大的「HOLLYWOOD」。山下正是著名的比佛利山莊，作為大牌影星集居地，知名導演、作家靈感的來源。這個名字儼然已經成為電影王國身分

和權力的象徵。

　　大名鼎鼎的好萊塢並非想像中那般神秘，花上50美元就可以將這裡遊個遍。穿越時空隧道，鑽出海底世界，看終結者機器人神奇變身……星光大道是好萊塢之旅的必經地之一。水磨石地面上鐫刻著無數個五角星，每顆星裡都有一個耳熟能詳的名字。每天都有一群人站在這裡低著頭尋找，為名字裡藏著的故事驚嘆、歡呼。尋夢的年輕人在街頭彈著吉他，日復一日地流連，期待有朝一日被星探發現。看見他們才會從星光的幻想回到現實中，多少曾經的苦澀都被掩藏在那些閃耀的名字之下。但那份追求夢想的堅定信念讓每一個尋夢的人已變得不再平凡。

　　洛杉磯的另一個夢工廠就是迪士尼樂園。這個令人眼花繚亂的大遊樂場滿足了所有人孩提時代的童話夢想。想要玩遍所有的遊樂項目，至少也要兩到三天的時間。驚喜與刺激層出不窮，讓大人和孩子都流連忘返。

　　夢，到處都是夢想，或許天使清楚地聽到了你夢中的低語，洛杉磯顯然是一個讓夢想成真的地方，天使不知不覺來到，也會被洛杉磯的激情感染，於是不願離去，賜給眾生夢的力量。醒來後兒時的期待都已成真，洛杉磯的明天更加精彩。

❖站在這個夢開始的地方，心中一個綺麗的夢也亮起來了，看遠處夕陽漸落，誰的大戲已經開場？我們是不是也能找到屬於自己的喜怒哀樂呢？

搜索地標：加州

San Fransisco

舊金山

濃郁的中國結

舊金山絕對算得上是中國人最早熟悉的美國城市。雕龍鏤鳳的唐人街儼然就是一個小小中國城。在異國的城市裡，關上門便別有洞天，一切都帶著我們最熟悉不過的中國情結，歸家的路原來近在咫尺。

舊金山絕對算得上是中國人最早熟悉的美國城市。它的譯名便已帶了濃重的華人烙印。19世紀，這個城市處在淘金熱潮的風口浪尖之上，華僑稱之為「金山」，彷彿遍地都是金子，俯身可拾。

這個名字反映了當年華僑們渴望發財的黃金夢，聽上去富有且美好。因出國的廣東人多，用粵語音讀起來就成了「三藩市」，多了些洋氣的味道。但念上去最好聽的還是原名——聖弗朗西斯科。毫不費力的發音，音節緊湊，一氣呵成，只是語氣帶了囁嚅，像一顆糯米糖化在了舌尖上，脣齒留香。

舊金山就是這樣一座散發著芳香的城市。它位於加州的西海岸，被稱為「西海岸的門戶」。面積119平方公里，是一座三面環水的山城，環境優雅。加州海岸的陽光給了它充足的滋養，氣候冬暖夏涼，溫暖宜人，被譽為「最受美國人歡迎的城市」。如果你出了機場就聽見有人用中文向你打招呼，千萬不要驚訝。濃郁的中國文化氣氛絕對令你賓至如歸。這個城市註定有華人割不斷的牽念。全市人口76萬，華人25萬，一下子就占了1/3。舊金山的唐人街是海外最大的華人社區，也是美國的華人數年奮鬥心血凝結而成的一個小小縮影。其他國家移民的聚居區也分散點綴在這片土地上，共同組成了舊金山強勁的脈搏。

即使第一次來舊金山，這裡的山水樹木仍然會讓你感到熟悉。多年來這片秀美的景色是美國銀幕上永不過氣的明星。無論是好萊塢巨片，還是電視台肥皂劇，都喜歡挑舊金山做外景地。雕龍鏤鳳的唐人街、宏偉壯觀的金門大橋是鏡頭裡的常客。我們都曾見識過舊金山的旖旎風光，現在它就真切地展現在眼前了，不是電影，不是夢幻。一種異樣的情

✱傑佛遜街和泰勒街交匯處的一座大螃蟹廣告牌是「漁人碼頭」的標誌。光是看到這個大牌子，就已讓人口水直流。

米美國作家威廉‧薩洛揚曾經意味深長地說：「如果你還活著，舊金山不會使你厭倦；如果你已經死了，舊金山會讓你起死回生。」這個城市裡永遠有層出不窮的新鮮話題湧入我們的腦海。熟悉而又陌生，遙遠卻是親近。

✤湛藍的海濱精巧地包裹著
舊金山,一片片雅致的維多
利亞式建築群帶著17世紀西
班牙的建築風格。

緒禁不住在心頭滋生彌漫,比電影故事還曲折,比夢境還迷離。

　　街邊維多利亞式的建築是舊金山一大特色——那時候這裡還是西班牙人的領地。受歐洲殖民者的影響,舊金山人對咖啡的鍾愛近乎瘋狂,似乎生活就是這麼一勺勺、一杯杯度量出來的。捧著一杯熱咖啡透過玻璃窗看車水馬龍,慵懶地旁觀這個城市的流動,舊金山的午後愜意浪漫。咖啡的霧氣升騰,窗上映出我們由衷的笑臉,這一刻你怎能抵禦舊金山的魅力?

　　舊金山的城市規劃非常整齊,像一台高速運轉的機器內部零件的構造,卻絕不單調。四四方方的建築,並不算高的大樓,蜿蜒曲折的高速公路一直綿延向繁華的商業區,簡單樸素的電纜車在大街上平緩駛過。經歷過一場慘烈大地震的舊金山拒絕了摩天大樓的現代誘惑,鬱鬱蔥蔥的街道顯得有些古老,沒有豔麗的色彩炫耀,沒有繁瑣的人工裝飾,這就是舊金山,令世人趨之若鶩的度假天堂。

　　來到舊金山,一定要來金門大橋才算不虛此行。著名的金門大橋位於城市西側。它是世界上最繁忙的大橋之一,每天都有約10萬輛汽車從上面隆隆駛過。它橫跨金門海峽,與對面的半島相連,橋身是鮮豔的朱紅色,臥在碧波白浪之上,如蛟龍出海。只有晴朗的天氣裡才能看到大橋的全貌,橋身被渲染成金燦燦的絲線,絢爛且柔韌。在橋上靜靜地看夕陽西下,頭頂是成群的飛鳥經過,腳下有帆船遊艇,遠遠駛向海天一線的地方。儘管橋上風很大,但金色的陽光照得人很溫暖。舊金山美麗的城市畫卷漸漸融進斜陽中,心情也舒展起來。不知不覺微笑已浮上嘴角。

　　漁人碼頭曾經是義大利漁夫的停船碼頭,現在它成了舊金山的另一處地標,所有觀光客都不會放過到這裡享受新鮮美味海鮮大餐的機會。舊金山的丹金尼斯大海蟹被公認為是全球肉質最為鮮嫩的,讓人覺得這裡連鹹濕的空氣裡都飄著螃蟹的味道。碼頭上眾多的酒吧餐館都是熙熙攘攘,人滿為

患。這裡已經是舊金山最熱門的去處之一。

　　作為加州的港口城市，舊金山被多樣的文化元素撞擊著。很多藝術家、作家和明星迷戀著這裡的文化特質，他們帶著自己的個性投奔於此，按照夢中的臆想重新打造這個城市，把這裡變成了近代叛逆文化和自由主義的中心之一。在很多方面，舊金山與波士頓有些相似，有時端莊嫺靜，但掀開面具便是狂野奔放。

　　如今的舊金山流露著一種寬宏大度的氣質，渾然天成。無論是建築、飲食、還是藝術、音樂，在所有生活層面上都可以深刻感受到它的多元化。除了美味新奇的加州當地菜肴，隨處可見的中國餐館讓所有來這裡的華人都品嚐到了家鄉的味道。最地道的法國大餐、義大利菜、墨西哥菜、日本料理也都集中於此，各種各樣的美食讓人垂涎欲滴。高雅的芭蕾舞劇、輕快的舞台劇演出，纏綿奔放的爵士樂，一起迴盪在城市上空。它們都是舊金山最強的城市節拍，無分高下，令人陶醉。

　　心裡有種感動微微地盪漾著。還記得通往唐人街的那條路，路的盡頭是海外遊子共同的家，是那種想一想就有舒適的微笑浮上心頭的溫馨的家。思念深不見底，散落一地，在心底慢慢墜落……

✻夜幕降臨之時，金門大橋上華燈齊放，將舊金山的夜色裝點得更為璀璨華麗。

搜索地標:伊利諾州

Chicago

芝加哥 ·風之城

「**風**」城」是芝加哥優美的別稱。這個曾毀於大火的城市在瓦礫上重生了,比當年多了燈紅
酒綠和喧囂浮躁,卻同樣真實。大風將當年的煙霧和陰暗吹得無影無蹤,而那感性的
溫柔卻是吹不散的,永遠縈繞在每個人心頭。

如果你是第一次去芝加哥旅遊，一定記得多帶點衣服，來抵禦當地肆虐的狂風。只有大冬天的時候被來自密西根湖的寒風凜冽地刺穿身體，你才能切身領悟「風城」這個別號的深刻含義。

由於毗鄰密西根湖，芝加哥成了一個多風的城市。風像一個不知疲倦的精靈，遊走於這城市的每一個大街小巷。溫度是最任性的孩子，高低變幻，反覆無常，讓不了解它的人吃盡苦頭。但到了春夏之季，風城的風開始漸漸展露它的溫和了。城市裡的人們得以盡情地享受飽含濕潤水汽的陣陣微風拂面，看它像魔術師一樣吹開了綠樹紅花，芝加哥一下子就明媚起來了。

1891年的時候，英國作家吉卜林曾被芝加哥深深吸引——「我邂逅了一座真正的城市，人們叫它芝加哥。」100多年之後的芝加哥真實依舊，雖然它比起當年來多了些燈紅酒綠和喧囂浮躁，大風將當年的煙霧和晦暗吹得無影無蹤，取而代之的是欣欣向榮的都市氣息。風塑造了這個城市，把它變得像一個清澈的公共園林。

希爾斯大廈永遠是這個城市裡吸引人目光的焦點，不管眼前有多少障礙物，它頭頂上那兩根巨型的天線就像城市的桅杆一樣聳立著，彷彿就要刺穿頭頂湛藍的天。這是全美國最高的摩天大廈，樓高443公尺，地上110層，在世界第一高樓的位置上也曾坐了20多年。深褐色的金屬外壁和青銅色的玻璃幕牆在陽光下璀璨得耀眼，如鼓足的風帆張揚著滿滿的驕傲。

但凡有了水，便總是平添幾分水樣的溫柔。芝加哥這個曾遭大火洗劫的城市早已褪去當年的焦灼與斑駁，傍著秀麗水色重生了。重新立起來的高樓似乎都沾了風與水的靈氣，變得活潑起來，不像其他城市裡冷冰冰的嚴肅，自有著自己感性的一面，只要多走走看看，就會發現這裡會帶給我們那麼多別緻的感受。全新的千禧公園裡，造型別緻的貝殼狀露天音樂廳泛著不鏽鋼金屬的優雅；格蘭特公園的白金漢噴泉如高空綻放的煙花一般絢爛，燈影水色流光溢彩；古老的芝加哥藝術館裡珍藏著名家書畫，在現代化的都市裡散發出深邃的藝術魅力。蜿蜒的芝加哥河上，汽艇轟鳴著遠去，尾部拖曳著跳躍的浪花，一切都是鮮活靈動的。

這就是芝加哥，風一樣變遷，水一樣迷幻。在這裡流浪，如風般穿梭，如水般自由。疲憊的時候，就在風的撫摸下沉沉睡去，今夜必將有個魅惑的夢境，夢裡夢外一樣的綺麗。

❀風格迥異的各式建築，勾勒出一片繁榮的都市風景。

❀寬闊的密西根大道上徹夜長明的霓虹燈將高樓大廈勾勒出唯美的曲線。

搜索地標：內華達州

Las Vegas
拉斯維加斯
世界的娛樂場

拉斯維加斯是一個無法複製、更無法逾越的傳奇。當年冷冰冰的賭場早已脫胎換骨，蛻變成一個真正有血有肉、有感動與驚喜的度假城市，在世界娛樂界深深地扎下了根。

拉斯維加斯是屬於黑夜的，在夜幕中才能完全綻放它妖冶的魅力。碩大的霓虹燈在夜幕中不停地變換著光怪陸離的巨型圖案，似乎是某種神秘莫測的咒語，讓人流連忘返，難以自拔。這就是拉斯維加斯，內華達州荒涼沙漠中的一個精神綠洲，在天堂與地獄間游移。每天這裡都上演著形形色色的故事，金錢、愛情、豪賭、放縱、得到、失去……在內華達州茫茫的沙漠中行駛，一路上都是荒無人煙，直到遇見了拉斯維加斯，突然間就高樓林立，這個繁華的城市就像是從天上掉下來一般，孤單但絕不冷清，讓人疑心是不是走進海市蜃樓。拉斯維加斯在西班牙語中的意思是「肥沃的青草地」，因為它是這片茫茫大漠中唯一有水的綠洲。西部的開

✤入夜，霓虹燈跳躍著五顏六色的畫面，充滿蠱惑的音樂此起彼伏，彩色雷射光束時不時地刺破天空的沉寂，閃耀著迷人的誘惑。

拓者希望它永遠都水草豐美，能放牧牛
羊，而如今在這裡被放牧的卻已是人們無
休止的慾望。

內華達本是美國最窮困的州之一，被
大漠覆蓋，天生貧瘠。20世紀30年代，政
府決定將賭博合法化，一夜之間，拉斯維
加斯內大大小小的賭場全都開張了，250
多家賭場，6萬多台「吃角子老虎機」晝
夜不停歇。賭博業的繁榮挽救了荒涼的內
華達，拉斯維加斯的「賭城」之名也就
此傳開。不得不佩服美國人的想像力和
創造力，幾十年的時間裡，就將沙漠中的

不毛之地建設成了燈紅酒綠的歡場，每年吸引著近4000萬遊
客，居美國各大城市旅遊業之首。雖然人們還是喜歡稱呼它
為「賭城」，但這個城市的吸引力，已經漸漸立體豐富起
來了。

這裡的每一座建築物都經過精心裝飾，富麗堂皇，張揚
著賭城非凡的氣派與驕傲。據說世界上最大的10家度假旅館
這裡就占了9家，包括世界第一的、擁有5000多個客房的米高
梅飯店。點綴在大道兩旁的裝飾物也非同凡響，自由女神、
艾菲爾鐵塔、帝國大廈、獅身人面像的模型被做得栩栩如
生，足球場一樣大小的音樂噴泉隨著旋律變幻壯觀的噴射，
人造瀑布掛在人造的園林中，守衛著酒店大門。拉斯維加斯
果然是個催生野心與慾望的地方，這一刻，讓你想把整個世
界都攬在手心裡。

每一座豪華大飯店其實就是一個綜合的娛樂中心，包括
住房、餐飲、賭場、酒吧、購物、表演等各種娛樂，而且都
挖空心思的設計特色，招徠顧客的注意。米高梅飯店裡養了
一頭米高梅電影公司的標誌——獅子，在籠子裡虎視眈眈地
盯著往來的人群，時不時地吼上一聲，新奇刺激。而巴黎飯
店則把內部布置成巴黎大街小巷的樣子，浪漫時尚，讓人
如身臨其境；威尼斯酒店乾脆成了一個小水城，客人們
坐著小船漂在人造運河上，聽著船夫唱義大利的古老
民歌。

酒店內部的服務全都是超一流的，顧客就是上帝
的宗旨在這裡得到了最好的貫徹。優質的服務把你伺候得舒
舒服服，自然有大把掏錢的衝動，並且坐下就不想離開。表
演環節無疑是最受矚目的，包括了歌舞、雜技、馬戲、魔

❈如果你決定進賭場試試手
氣，那麼最好別帶太多的錢，
賭城最大的氛圍就是濃重的誘
惑力，像一塊巨大的吸鐵石，
而遊客只是一根毫無抵抗力的
小小鐵針。

❈內華達沙漠的公路上，通往
拉斯維加斯地界旁豎起的標誌
牌，讓人遠遠就可以看到。

如今，拉斯維加斯已經建立起了以賭博業為中心的一系列龐大產業鏈，包括旅遊、購物、美食。以前這裡單一的賭博產業給內華達帶來了「罪惡之城」的壞名聲，現在它卻正在擺脫這個頭銜的多元化產業道路上向前。在這裡，你可以找到藝術、找到娛樂，度過一個花樣繁多的假期，而不僅僅是沉迷於賭博。

術,五花八門,用各種新奇的方式吸引眼光。不要以為這只是民間藝人的小打小鬧,多少大牌藝人都曾於此獻唱,絕對稱得上星光熠熠,頂級陣容。著名歌星席琳·狄翁曾經在凱撒宮駐唱5年,那時她的演唱會一票難求,是令凱撒宮客滿的節目。其他形式的娛樂也多如牛毛,如拳王爭霸賽、脫衣舞表演,千方百計投顧客所好,讓你玩得開心,花得甘願。針對對賭博沒什麼興趣的女士,酒店內專門開設了服裝店供她們打發時間,而她們的老公正樂得少了嘮叨,在賭桌上無所顧忌,更為專心致志。

✳賭城的中心,是長約2.5公里、熱鬧非凡的拉斯維加斯大道,踏上這條道路,就如同進入一個夢幻的宮殿,所有的夢境突然都成真了,那些以前你想都沒想過的奢華極致,在這裡排隊等待你挑選。

　　在離賭場不遠的地方,也興建了許多戶外娛樂設施,包括世界級的高爾夫球場、水上活動樂園以及最近新增加的兒童遊樂園。這個城市不再以賭為唯一的目標,一個限制級的成人天堂,竟逐漸變成了老少咸宜的大遊樂場。

　　拉斯維加斯還存在著另外一個聽上去有些荒謬的事實,這裡是世界上結婚最容易的地方,不需要任何其他的手續,也不管來登記的組合有多麼奇怪,只要交錢就能得到一張結婚證書,平均每天能發出近300張。當然這也意味著離婚同樣容易,當年小甜甜布蘭妮那段維持了兩天的閃電婚姻便是在拉斯維加斯開始和結束。婚姻在這裡脆弱得只有55美元的價值。幸福如肥皂泡泡,隨時升起隨時幻滅,七彩的斑斕只不過是個幻影。

　　有人討厭這個城市,因為它擊中了人性中不願面對的貪婪,還有很多人對這個城市流連忘返,因為一夜致富的夢想時有所聞。不可否認的是這個從荒漠中脫穎而出的夢幻宮殿是空前成功的。這個曾經毫無根基的城市,早已不是當日那個冷冰冰的賭場,它創出了一個無法複製、更無法逾越的傳奇,蛻變成一個真正有血有肉、有感動與驚喜的度假城市,在世界娛樂界深深地扎下了根。

　　需要檢討的,只是人類的無止境的貪慾,不踏實的浮躁,而不是那一台台吃角子老虎機。走出拉斯維加斯大道的時候,一個紙醉金迷的世界也徹底地被關在身後。所有的喧囂如南柯一夢,揮一揮衣袖,不帶走一片雲彩。

搜索地標：賓夕法尼亞州

Piladelphia

費城

美國誕生地

再沒有其他任何的城市能像費城這樣，沉澱美國全部的滄桑。如果你想更深層次地領悟美國，那麼一定要到費城來。走過那些塗鴉的牆，觸碰凋零已久的雕飾，繁複的細紋裡藏的是一個城市與國家輝煌的往事。

所有人心裡，費城都有一個簡單卻鮮明的輪廓，它是由獨立廳、自由之鐘、賓夕法尼亞大學、明媚的街心花園以及充滿活力的街道共同搭建起來的。

費城的全稱是「費勒德爾菲亞」，在希臘語中的意思是「兄弟友愛」。200多年前，自由的建國鐘聲在這裡敲響，費城成了美國革命的搖籃。每年都有不計其數的遊客湧入，想親眼目睹美利堅合眾國誕生地的風采。這樣的經歷，這樣的

✤位於市中心的獨立廳，是舉世聞名的世界文化遺產。它宣告著美利堅合眾國的獨立。《獨立宣言》和《美國憲法》都是在這裡發表的。

名稱，讓費城成了自由與友愛的雙重象徵。看來當年大銀幕上那部著名的《費城》，將一個為爭取禁忌之愛的自由而耗盡生命的故事以這個城市為背景，正契合了它蘊含的自由深意。在一個曾經簽署過《獨立宣言》的城市裡，什麼樣的愛不是可以堂堂正正爭取到底的呢？

　　品讀費城，就是在從源頭品讀美國的歷史。林立的摩天大樓裡圍裹著費城的老城區，在繁華的城市中這樣一片舊城初看上去有些灰暗，與現代化都市的氛圍格格不入，只有留得久了，多了了解，才會感受到一種古老的優雅

✛開國之都已成為歷史，費城在歲月的洗禮中已經逐漸在政治漩渦中隱去，發展成了一個新興的工業城市，但它那和藹的如同鄰家小鎮般的友善氣質卻不曾迷失。

在老城上空緩緩飄蕩。對於年輕的美國而言，有著400年歷史的老城區就是一個活生生的美國歷史博物館。獨立大廳遺址是《獨立宣言》的簽署地，即使是外國人站在這裡，也不由自主地會心生自豪之感——那是全人類共有的追求自由、反抗壓迫的情感激盪。在古老的自由之鐘面前，時光一下子停滯了，耳邊彷彿有當年鏗鏘的鐘聲傳來，跨越了幾百年，思想漸漸地恍惚。

　　但從老城區出來，回到五光十色的市區時，才是真正的恍若隔世，歷史和當下瞬間變換，身陷車水馬龍的喧囂，從往事中抽身而退，轉過身細細打量一下今日的費城。

　　費城是一個簡單的城市，建築風格中規中矩，沒有什麼張揚得乖戾。連城市的象徵之一——Love Park（愛情花園），也不過是個迷你街心花園。一「LOVE」的標誌矗立在水池與花壇之間，凸顯著費城名字中「愛」的含義。富蘭克林公園大道將市政廳、花園和藝術博物館連成一線，如一條連接歷史與文化的緞帶。這條大道本是仿香榭麗舍大道設計的，乍一看去還真是十足的相像，但外形的仿似難掩氣質的差異。香榭麗舍更像一個霸氣的時尚貴婦，閃耀的是鑽石項鏈與貂皮大衣的榮光；而綠樹成蔭的富蘭克林大道只是一個溫柔的小家碧玉，在自家後院悠然地曬著太陽，親切隨意。

✛30大街火車站內的戰爭紀念碑。

　　如果你想更深層次地領悟美國，那麼一定要到費城來。走過那些塗鴉的牆，觸碰凋零已久的雕飾，繁複的細紋裡藏的是一個城市與國家輝煌的往事。煙塵模糊了回眸的視線，彷彿已走入昨日，又彷彿已佇立當下。慢慢地走，街頭響起年輕的音樂，歲月不因緬懷而停下匆匆的腳步，逃不脫的是心底古老的旋律。

搜索地標：華盛頓州

*S*eattle
西雅圖

今夜不眠

自然、人文、藝術、科技，這些景致在西雅圖一樣都不少。連綿的陰雨開啟了一個城市極致的浪漫，召喚著我們去赴一場美麗的約會。

西雅圖一定是個極度溫馨與浪漫的城市，不然怎會啟發了作家的靈感，創造出如《西雅圖夜未眠》這樣浪漫到極致的故事？

愛情總是能最大程度地引發人們的共鳴與好奇，西雅圖在瞬間就集結了人們所有美好的憧憬與幻想。偏偏它又是個多雨的城市，平均一年有9個月都是雨季。雨雖不大，卻是堅持不懈，綿綿密密，多少曖昧的情愫在細雨的澆灌下滋生，在午夜的霓虹中流動。難怪影片的女主角會執著地去赴一個素未謀面的約。

燦爛的陽光在西雅圖是難得一見的，不下雨時，這裡通常也是灰濛濛的天，時刻都在醞釀下一次降雨。雖陰暗卻不沉悶，每個人心裡都有一片陽

✱185公尺的「太空針塔」是西雅圖的地標建築，在塔頂可以看到西雅圖的全景。

光，那是親情與愛情，溫馨與感動的照耀。西雅圖無愧是世界上最有居家氣氛的城市之一。被藍色海水環繞著的西雅圖，如太平洋東海岸上一顆璀璨的明珠。眼前是成群的高樓，鱗次櫛比地延伸向遠方。泛藍的湖水上盪漾著成群的船隊，如果帶望遠鏡的話，遠處的山影也清晰可見，從山腳下如茵的翠綠，到山頂潔白的雪冠，雪天一線，讓人心馳神往。

✦多雨多霧的海洋性氣候，讓這個城市常年都綠意盎然。

別以為西雅圖只有感性，理性的高科技也是西雅圖的財富之一。世界著名的微軟就是在這裡建起了他的壟斷王國。空中霸主波音飛機在此也設有大廠，運動品牌耐吉從西雅圖開始了它的發跡史。而我們熟悉的那個綠色背景上帶王冠的美人魚──星巴克，更是西雅圖的傳奇。兜兜轉轉，商業氣息被浸泡了咖啡香，又回到了浪漫與休閒的色彩中。

入秋時分的黃昏，空氣像是罩了一層薄薄的水霧，暗黃的街燈在霧氣中暈成一片光圈，行人稀少，忙碌的西雅圖歸於片刻的空曠寧靜，雖然冷清卻別有一番體驗，像理想中的寂寥烏托邦。心裡湧動著一份打動自己的溫柔，想起電影海報的宣傳語，細細品味，感動得竟要落下淚來。

如果那個人，你從未遇到，從沒謀面，從不認識，但他確是那個唯一屬於你的人。你將會怎麼做？幸福如雨絲搖曳，脆弱而又堅定，有多少人能抓得住？你是否也在期待一次浪漫的相約？今夜，雨不停，夜無眠。

搜索地標：路易西安那州

New Orleans

紐奧良

「尋歡作樂」的新月之城

人 說紐奧良是個尋歡作樂的城市，這裡的爵士樂與狂歡節都是最純粹最原味的。法國式的浪漫氣息彌漫在空氣中，芬芳四溢。紐奧良的曼妙風情，與音樂一樣靈動。

✿法國區街道兩邊舊式的雕花鐵欄，讓人霎時感覺時光似乎回到了兩個世紀之前。

密 西西比河在路易西安那州的盡頭優雅地甩出一個彎，如天上的一輪新月投影在城市中央，波瀾不驚地緩緩流淌，輕快的爵士樂在沿岸一路飄揚著，河水與音符一起蜿蜒穿過這個城市，法國式的浪漫氣息彌漫在空氣中，芬芳四溢。紐奧良的曼妙風情，與音樂一樣靈動。

紐奧良是路易西安那州最大的城市，也是最具規模的優良港口。它有一個美妙的別稱——「新月城」，取自密西西比河流經此處曲折的形狀。從飛機上俯瞰，輪廓更是清晰，新月如鉤，說不盡的婉約雅致，風姿綽約。市北緊鄰龐恰特雷恩湖，湖河交織，不但為紐奧良增添了秀麗的景色，也帶來了溫和濕潤的氣候。行走在紐奧良，撲面而來的空氣都浸足了柔和的水汽。這裡算得上是全美國水量最充足的城市。市區位於密西西比河三角洲，水面與陸地面積比例大約為5：6，甚至有部分區域還在海平面之下。每當雨季水位暴漲的時候，水面上的小船便會在人的頭頂上緩緩駛過，也難怪紐奧良被稱為美國的「水城」。龐恰特雷恩湖是紐奧良與北部地區來往的通道。為了方便交通，美國政府在湖上建起了一座38公里長的雙道橋梁，跨越1500平方公里的湖面，雄偉壯觀。從橋上可以將碧波萬頃一覽無餘，水天一色，美不勝收。

表面看上去，紐奧良和美國其他的大城市一樣，都是鱗次櫛比的高樓大廈，其實你還不曾領會繁華背後，這個城市別樣的嫵媚風骨。當年的蠻荒與狂野、熱情與放縱，早已浸透在飄忽的每一絲水汽中。

紐奧良最早本是印第安人的居住地，18世紀的時候被法

※傑克遜廣場是老城的中心，舊式馬車歡快地跑動著，馬蹄聲清脆地迴盪，踏出一派細碎的旖旎風光。

※聖路易教堂前，豎立著傑克遜將軍躍馬前行的銅像。

國人占領，連名字也源自當時的法國攝政王。不到100年的時間裡，當時的小城在法國和西班牙手中反覆易主，每任主人都給它留下了特色鮮明的印記，法國人的浪漫，西班牙人的狂放，歐洲人共通的奢靡與優雅，完美糅合在一起，形成了紐奧良地區獨一無二的文化特質。直到1803年，美國人花了1500萬美元將它買到手裡，紐奧良才逐步開始走上美國式的道路。

但這一切都掩蓋不住曾經的那份新月城獨有的古色古香。現在紐奧良城中還分為老城「法國區」和新城「美國區」。新城是這個城市運轉的核心，而老城則永遠是遊客們的最愛，多少的回憶與幽思都深藏其中。身處老城，到處都是法國和西班牙風格的建築，街巷狹窄曲折，洋溢著古典歐洲的情調。傑克遜廣場上，街頭畫家支起畫板，認真描繪心中美好的夢想，或許有一天，他們就從這裡走向天下，名動世界。聖路易大教堂頂著灰色的塔尖，街道兩旁種的是香蕉和熱帶林木，餐廳的招牌是法國菜，迎面而來的人正在說著捲舌音的法語，一切都讓你有置身巴黎的錯覺。

歡謔
波旁街

✳ 如果來了紐奧良卻沒有來到波旁街，那你就不算到過紐奧良。這條法國區最著名的小巷，即使到了21世紀的今天，舊日紐奧良那種不吝沉溺於人生短暫浮華之樂的達觀與放縱，依然漫溢在流淌的燈海之中。

法國人對這裡最偉大的貢獻並不僅僅是複製出一個小巴黎來滿足人們對舊時光的暢想，正是他們對藝術的高度關注塑造了一個歌舞昇平的紐奧良。過去那個時代，紐奧良是全美國擁有各種音樂團體最多的城市，大大小小的音樂活動層出不窮。法國移民熱衷於從音樂中尋找樂趣，剛剛獲得自由的南方黑奴也需要一種旋律來釋放壓抑已久的心靈。不同風格的音樂充斥在一起，流行的、民間的、古典的，難以捕捉的節奏變幻，即興隨意的情緒轉化，獨一無二的樂音在紐奧良唱響，在世界音樂史上撰寫了重要一章的爵士樂誕生了。特殊的歷史文化背景使得紐奧良成了爵士樂的故鄉，無數人不遠萬里來到這裡，只是為了親身與最純粹的文化相融合，向爵士樂歷史上那些已經遠去的傳奇膜拜致敬。

紐奧良的狂歡節也是全美歷史最悠久的。炫目的花車開上街，盛大的巡遊開始了。遊行隊伍以各種歷史、神話和傳奇為主題，舉著誇張滑稽的塑像，身著華麗的戲裝招搖過市，鼎沸的歡呼聲和熱情映紅了紐奧良的天空。每年的狂歡節都能吸引數十萬的遊客，帶來一筆不菲的收入。天性樂觀的紐奧良人始終不放棄尋歡作樂的機會，即使是在卡崔娜颶風災難剛剛過後也照「歡」不誤。在滿目瘡痍的背景下看載歌載舞的狂歡，感受更多的是紐奧良人達觀的精神。

陽光不知何時暗下來了，倒映在一汪積水中，破碎得如那個古老帝國曾經的輝煌。老式街車劃過鐵軌的聲音驟然劃破了寧靜，古舊的門廊與暗紅的磚牆從眼前依次閃過，一點屢弱的火苗在風中孤獨地抖動，彷彿在瞬間便回到了那些煤氣燈燃燒的日子。那些狂歡的夜晚裡，一切早已煙消雲散。只有音樂還在，夢想還在，伴我在這個城市飛揚。

搜索地標：喬治亞州

Atlanta

亞特蘭大

夢的力量

有南北戰爭的沉重，有奧林匹克的活力，有可口可樂的隨意，有CNN的繁忙，有「飄」的夢想，有郝思嘉的倔強。亞特蘭大將這一切統一在一起，吸引人們來探究它的真相。

很多人對亞特蘭大的第一印象都來自於1996年的奧運會。奧林匹克給這裡烙上了活力洋溢的烙印。其實這座喬治亞州的首府，自南北戰爭以來就已在歷史上樹立起了自己的位置。傳統的遺跡與現代化的景點都是亞特蘭大人的驕傲。

在內戰期間，這裡是南方軍的戰略要地，所以至今城市裡還殘留著很多南北戰爭的痕跡。一座不起眼的紅磚小樓，靜靜地矗立在市區的桃樹大街與第十街的交會處。這名字是不是有幾分熟悉？那正是郝思嘉成長過、感懷過的故地。這裡就是瑪格麗特密契爾的故居，《飄》便誕生於此。現在它是亞特蘭大最重要的景點之一，成千上萬讀者湧入此地追尋郝思嘉的足跡，圓心中一個「飄」了多年的夢。

　　這座稱不上「雄偉」或者「壯麗」的著名建築，奠定了整個亞特蘭大市的基調。這個城市並不大，安靜且安逸，但百年誕辰之際的奧運顯然是極度成功的，向全世界證明了它也有卓越的能力。同其他美國的大都市不同，這裡的街頭更多的是充滿復古風情的低矮建築，摩天大樓竟成了少見的點綴，如鶴立雞群般突兀地高聳著，建築風格平淡無奇，談不上創意，城市的立體風格被模糊了，朦朦朧朧的沒有印象。懶洋洋地坐在下午的陽光中，沒有城市的喧囂與浮躁，這時才會覺出，閒散隨意，這就是亞特蘭大獨具的風格吧。

　　可口可樂最早的產地便是亞特蘭大，這種休閒的飲料，倒正是與城市裡到處可見的慵懶隨意相呼應。可口可樂公司在這裡營造出了一個夢幻樂園般的「可口可樂世界」，用多種形式介紹了可樂的發展變遷，比夢工廠的巨片還要生動有趣。在這裡每個人都可以開懷痛飲，免費品嚐到銷往世界各地的不同口味的可樂。不用擔心會醉倒，只擔心自己到底能裝下多少。

　　如果你在美國的土地上走累了，亞特蘭大顯然是個最適合歇腳的驛站。走在屬於郝思嘉的桃樹大街上，心情不再匆忙，暗紅色的磚房承載不下滿心的執著與倔強，花開花落任人吟唱。

搜索地標：密西根州

*D*etroit

底特律

汽車王國

汽車是底特律崛起的經濟支柱，同時也為這個城市注入了火熱的原動力。而對於一些都市的探險者而言，那些空無一人的都市廢墟才是底特律最深層最原始的魅力所在。

提起底特律，人們最先想到的通常都是汽車。汽車對於底特律文化的影響是悠久且深遠的。通用總部大樓在市區醒目地高聳，ＧＭ兩個大字無論是白天還是黑夜都熠熠生輝。福特顯然也不甘示弱，地盤之大就像一個小王國。

底特律是世界聞名的汽車工業之都，整個城市都依賴汽車迅速發展起來，躋身發達工業城市行列，在五大湖區僅次於芝加哥。美國最大的3家汽車公司通用、福特、克萊斯勒公司總部均設於此，他們之間的較量從來沒有停止過。

或許是只考慮了汽車，而忽視了其他的交通工具，城內

✤底特律—溫莎隧道的入口。底特律與加拿大的溫莎之間有大橋和一條水下隧道相連，它們也是北美國際貨物往來最繁忙的通道。

地鐵的規模並不大,遠遜於其他的美國城市。只能沿著市區
繞行一圈,且是單行,沒有四通八達的網絡。初來乍到的人
選它做為觀光工具倒是頗為合適,一圈下來已初步領略底特
律的風情。善於製造最棒汽車的底特律人激情洋溢,熱愛生
活,在他們心中,生活就是一次又一次的加速度。除了飆車
之外,體育運動自然是宣洩與釋放的最好方式之一。底特律
人對體育有著狂野的熱愛,棒球與籃球的標誌在城市裡隨處
可見,在運動場上他們就像油門被踩到最大的汽車,奔跑追
逐,骨子裡的野性隨著汗水一起揮灑。

底特律的大街上有個奇怪的現象,總是能看到被木板封
死、被柵欄圍住的廢棄建築物,陳舊的磚石散發著古老的氣
息,與鮮亮的大都市如此的不搭調。這也算是底特律的特色
之一了。而且對於都市探險者與藝術家來說,這些廢墟蘊藏
著這個城市最深邃的魅力,鑽到裡面尋找靈感、探尋過去的
底特律,這種感覺既興奮又壓抑。當年就在這些地方,也曾
有如織的人流,而今卻靜悄悄沒有一絲生息,時間彷彿在靜
謐中凝固了。冥冥中感覺自己已將這個城市最美好最輝煌的
東西錯過,卻絲毫沒有補救的機會。

看那片帷幔還在風中搖晃著,紙醉金迷都化做了今天的
煙塵,彌漫在空氣裡不願散去,講述著那些遙遠的故事。所
有曾經羅曼蒂克的耳語,是否也停留在了微風中?

✤夜幕降臨,高樓上豪華招牌
霸氣十足地傲立著,彰顯著這
個城市的驕傲。閃爍的光芒讓
底特律擺脫了傳統工業區的灰
暗與厚重,刻板與嚴謹,有了
幾分流動的生氣。

✤汽車不但是底特律的經濟支
柱,也為這個城市注入了一種
火熱的原動力。

搜索地標：德州

Houston

休士頓·火箭激情

休士頓是個不會讓守望者落空的城市。飛揚的青春，四射的激情，狂野的衝動，如火箭一般騰空，拖出一道炫目的煙火。

☀即使氣勢磅礡的高樓大廈在陽光下泛著刺眼的光芒，川流不息的汽車充斥了寬闊的街道，這裡獨有的輕鬆氛圍卻衝淡了大都市的壓抑感，反而流露出一種嶄新的澎湃激情。

休士頓是美國第四大城市。這裡有兩個著名的火箭，一是NBA的火箭隊，一是發射火箭升空的太空中心。

據說休士頓是全美國居住得最為休閒舒適的城市之一，與其他地方為了生計碌碌奔忙的美國人相比，休士頓人更願意高品質地享受眼前的生活。所以體育運動成了他們閒暇時光的最愛。市區內具規模的球館無數，棒球、籃球、排球俱全，而他們的贊助商通常都是豐田這樣的大手筆客戶。休士頓火箭隊所在的主場就是豐田所建，頗為富麗堂皇。休士頓人對籃球的感情是狂熱的。每到有主場賽事的日子裡，整個城市就像陷入一場持續的狂歡，全城都在興奮地議論，球場內歡呼聲與口號聲喊得震天響，球迷的情緒隨著比賽進程起伏跌宕，賽後則是鞭炮與汽車喇叭的交相長鳴，久久迴盪在

城市上空。舉城出動匯成盛大的慶祝隊伍,一連幾天都意猶
未盡。

　　而太空中心,則常年都沉浸於理性的沉靜中。看不出影
響了整個世界的「阿波羅登月」和「太空實驗室」都出於此
處。休士頓是全美國最大的能源中心和太空中心。雖然沒有
狂熱的表現,但人類對於頭頂上神秘未知的蒼穹始終抱有無
盡的渴望,對火箭的發射地永遠充滿了探索的激情。面積龐
大的太空中心像一個龐大的宇宙科學大課堂,在緊湊運作的
同時也對遊客打開了觀光的大門。人們可以在此親身體驗航
太設備,過一把太空人的癮。甚至連後排的工作區域也可實
地親臨,極大地滿足了人們對於太空的好奇心。

✤發達的航太工業已經成為了
這個城市無可爭議的招牌,即
使從一件小小的旅遊紀念品中
也可見一斑。

　　和美國其他的大城市一樣,休士頓有著五光十色的繁
華,但遍地的花和滿眼的綠,將休士頓變得安詳了許多。綠
樹排排,構成了道路兩旁的林蔭,五顏六色的鮮花點綴著,
綻放得水靈靈、甜蜜蜜,連大樓也被鮮花簇擁了,花海連成
無數彩帶,投射在玻璃幕牆的光影中。鮮花在重重疊疊的鏡
像中被放大,虛實相映,人們的眼裡只看到一片絢爛。只有
看到RIVEROAK的百萬豪宅區,金錢才會回到你在意的概念
裡。這裡的房子如童話裡的王宮,金碧輝煌,平常人絕對難
以想像。豪宅只屬於休士頓最有錢的那一個階層,更多的人
只能在這裡觀賞、拍照、感嘆、豔羨和幻想。選一個陽光暖

✤NASA在太空中心擺放著的
供人參觀的「阿波羅」號太空
梭。

暖的午後,匯入休
士頓街頭熙攘的人
流。走過的路,看
過的風景,並不因
心緒的起伏而迷
失。熱情的球迷穿
著火箭的隊服從身
邊經過。或許這個
城市奢侈華麗,或
許某些時刻冰冷漠
然,但沒法否認的
是,火箭永遠點燃
青春的激情。

搜索地標：佛羅里達州

Miami

邁阿密

海水之下，擁抱陽光

度假就要來邁阿密這樣純粹是享受生活的地方，沒有遠足之苦，攀登之勞，只是盡情地享受海水和日光浴，之後還可以大吃大喝。這個風光旖旎的海邊城市裡，狂歡的大幕剛剛為你開啟。

✱當年這裡曾經是西班牙人的地盤，19世紀的時候，美國人從當地土著手中接管了它，但它直到今天仍然帶著濃重的西班牙痕跡。

上帝對美國必定是偏愛的，不然怎麼會賜給它那麼多的天然的優良海港，熱辣的沙灘陽光？除去獨具民族風情的夏威夷，邁阿密溫暖湛藍的海水，又有誰能抵抗？邁阿密正對大西洋，背靠墨西哥灣。面向大海，春暖花開，一年四季都是暖融融的春意。由於距離中美洲及古巴極近，這個百萬人口的大都市裡，滿是中南美洲移民的後裔。走在路上遇到

的古銅色皮膚可能比當地白人還要多，長相是輪廓分明的拉丁特徵，耳邊充斥的也是樂感十足的西班牙語。移民為邁阿密塑造了一個嶄新的國際化外形，拉丁美洲的食物、音樂、文化和精神都可在此探尋。

它有個別緻的名字，叫「等待上帝召喚的休息室」。上了年紀的美國人能對這個名字深有體會。在他們看來，邁阿密是一個充滿了度假公寓和游泳池的養老城市，氣候溫暖濕潤，沒有刺激性，是老年人心馳神往的地方。坐在海灘的搖椅上，在陽光的親熱擁抱中等待回歸天堂的那一天，這便是名字的由來。而現在邁阿密吸引的可不僅僅是養老的美國人，它同樣是藝術家、設計師和泳裝模特兒的最愛，無數的富豪選擇在此定居，無數的遊客蜂擁而至，每年有1100多萬人來到這裡，就是純粹的為了享受生活。在繁華和安逸的背後，邁阿密還以混亂的治安聞名於世，曾是擁有過全美國最高謀殺率的城市，暴力與罪惡赤條條地展露在陽光之下，但是這些從來不會令人面對美景望而卻步。醉生夢死、得過且過恐怕是此處極大一部分人信奉的人生理念。

✤在熱情如火的海灘上，嬉戲得累了，坐下來堆一座沙堡，不管你是否還年幼，邁阿密都絕不會妨礙你找到最純真的快樂情趣。

如果找一個顏色來形容邁阿密，那它一定是金色的。這是它帶給遊人的第一印象。強烈灼熱的陽光是邁阿密最勁爆的標誌，它把天空塗成金色，白雲也似鑲了金邊，金黃的柑橘香飄萬里，林海也浸著金色光暈，海灘遼闊地延伸著，同樣是一片金黃。被金黃色包裹著的海水，偏偏又藍得不像話，如同只能在童話裡出現的純淨的大鑽石，由近及遠，層次分明。先是岸邊透明的淺藍，慢慢過渡到深色的碧藍，隨著向海裡深入，越來顏色越濃烈，直到融化在藍天裡。

✤邁阿密的市區是一個人工填海而成的半島。平民建築都是在棕櫚樹間交錯的小房子，只在市中心集中了部分高樓。

邁阿密最著名的當然是海灘。光是名字就花樣繁多：南海灘、金海灘、陽光愛麗絲海灘、棕櫚灘……南海灘是其中最著名的，被旅遊雜誌排入了世界前10名。它具有一個優質海灘應該擁有的全部標準，水質湛藍清澈，能看見水底白色的珊瑚與綠色的海藻。海岸線綿長，沙灘寬廣，沙粒白黃相間，柔軟細膩，踩上去熱乎乎的，絕不扎腳。沙子裡偶爾可見整片的珊瑚與貝殼，五光十色，非常漂亮。細心撿拾的話往往大有收穫，這是大海給予來訪者的小小饋贈。

不分黑夜白晝，邁阿密永遠是鮮亮且熱鬧的。這個風光綺旎的海邊城市，美景、美食、美女交相輝映的度假天堂，在陽光與海風的懷抱中越發的明艷動人。

海洋大道上椰林點綴，棕櫚樹的大葉子在風中輕輕地搖曳著，樹影婆娑，與浩瀚的大西洋相映成趣。赤著腳沿海灘散步，一路觀賞這美不勝收的景色，溫熱的海浪打過來，衝刷在腿上很舒服，帶著淡淡的海水味道，心也像溶進了這片海水裡，煩惱都化開了。海灘上滿是身材惹火、身著比基尼的美女，或躺或坐，給這裡添了一道亮麗的風景線。最有意思的是無處不在的海鷗，牠們低低地飛在海灘上，與人類互不相擾。不過當有人給牠們餵食的時候，牠們可從來不會客氣，一定要把食物全都叼走才罷休，否則就在人頭頂上盤旋著，絕不離開。

南海灘的盛名遠播絕不僅僅在於它美麗的景色。聽聽它的外號吧——Party Beach（派對海灘）。除了觀光遊覽，它還把酒吧、餐廳、夜店、午夜聚會、情侶拍拖等諸多的人為元素全部集中到這片海灘中來，就像一個雜亂盛大的Party場。海灘背後就是熱鬧的海洋大道，設施齊全，亮麗搶眼，色彩明快的酒店和酒吧傍海而建，玩累了就回到這裡吃吃喝喝。連大遮陽傘都是五顏六色的，像一朵朵巨大的彩色蘑菇，躲在下面看海景，賞心悅目，既愜意又方便。邁阿密不僅僅只

有海灘，在這裡享受到的是Party的狂歡。俗話說靠海吃海，海洋大道上最多的就是各式各樣的海鮮餐廳，全部是敞開式操作。大廚多是古巴人或西班牙人後裔。在這裡可以隨意地坐，隨便地吃，沒有任何條條框框的約束，吹海風、看椰林、喝啤酒、吃海鮮。酒吧也是充滿濃郁的拉丁風情的，將狂歡的氣氛推向高潮。

　　現在，它還是全世界富豪們的後花園。這裡隨處可見氣派的莊園，大門緊閉，將一座座豪華別墅隱約掩映在層疊的樹影中。有時可見半開的門裡透出噴泉雕塑，奇花異草。後面碼頭上白帆點點，都是別墅裡的私人遊艇，無一不彰顯著主人的財富和地位，極盡奢華。高樓間經常有黑點盤旋著，仔細看才發現是一群群的雄鷹，安逸地在天空滑翔，不免又是少見多怪的驚喜。

　　在美國的土地上一直向南走，不回頭，一定可以走到邁阿密——這個接近美國最南端的城市。靠岸的郵輪上剛剛結束了一場歌舞狂歡，拉丁歡快的樂音如前進的鼓點，隨著海風飄到耳邊，下一場盛宴的序幕又已拉開。

　　不用刻意追逐，更不必刻意抵抗。隨著大海的節奏漂蕩，隨著湧動的人潮歡笑。就像人生緣分起伏，潮起潮落，我心依然。

搜索地標：馬里蘭州

Baltimore

巴爾的摩

國歌誕生地

巴爾的摩是個小城，卻以國歌的誕生地的身分被所有的美國人牢記在心。可見文化的影響是長遠且寬廣的，任歲月流逝，物質泯滅，唯有精神永存。

外國人對巴爾的摩這個名字多少有些陌生，不如美國幾大城市那樣早已耳熟能詳。它是馬里蘭州最大的港口城市，它出產了美國第一台蒸汽機車，它建造過美國最早的鐵路，但這些統統不是它最重大的意義所在，甚至連美國人自己都不一定能說的清楚。在美國人的心裡，它之所以能與華盛頓、費城等城市比肩，只因為美國國歌就誕生在此。

1812年第二次英美戰爭期間，美軍在巴爾的摩擊退了英軍的進攻，浴血奮戰之後，星條旗依舊高高飄揚在城堡頂端，這情景令詩人法蘭西斯·史考特·凱伊熱血沸騰，隨後便寫出了詩句，後來配上當時一首流行的曲子，廣為傳唱。1931年正式成為美國國歌。只要在有國歌唱響的地方，巴爾的摩就存在於人們的記憶中。

一次偶然的靈感，催生出了一個偉大的作品。歌裡所蘊含的精神是永恆的，影響著一個國家、一個民族。可見文化的魅力往往比物質具有更深層的穿透性，隨時光沉澱越發醇厚，經久不衰。巴爾的摩是一個精緻的、玲瓏的城市，沒有

✤這裡的街道整齊筆直，小巧的巷子深邃地延伸著，白色和紅赭色的樓房交錯林立，色彩分明。

密集的摩天大廈，沒有四通八達的交通線路，環境寧靜且幽雅。明珠廣場前有水舒緩地流淌，一直通往大西洋。河水清澈見底，可見魚兒穿梭擺尾。由於工業化程度並不算高，自然也就少了很多污染，這裡的天空尤為湛藍，雲朵的輪廓分外清晰，空氣新鮮得能滴出水來。站在橋頭深深地呼吸幾大口，內心的煩躁被釋放出來，心裡一下子寬敞好多。由貝聿銘設計的世界貿易中心大廈就聳立在巴爾的摩內港旁。水面上是遊艇和帆船的世界，白帆點點，水浪四濺。但更為引人矚目的是一座頂部像金字塔似的玻璃建築，這就是巴爾的摩的第一名勝——國家水族館。館內展示了5000多種海洋生物，輔以現代化的聲色光影效果，如水晶宮一樣光怪陸離，身處其中如置身海底漫遊，與魚蝦嬉戲，與珊瑚共舞，真實得不可思議。

來到內港一定要嘗嘗這裡有名的青蟹。巴爾的摩是美國著名的螃蟹產地，當地人引以為傲，甚至在街道上還立起了眾多奇形怪狀的螃蟹雕塑。螃蟹像符號一樣刻進了這裡的大街小巷。想找到一家不排長龍的螃蟹餐館還真是件難事。

那些隱藏在低矮磚房間的小巷，怎麼看都彌漫著一股青澀與稚嫩。巴爾的摩滿足了人們對於小城的遐想。在旅程中與這樣的小城不期而遇，不必再繼續急驟奔忙，也不會沉醉在時間裡裹足不前，只是跟著她調整自己的腳步，不疾不徐，看花開花落，雲卷雲舒。

✿巴爾的摩的內港是美國最古老的海港之一，紅磚的地面給人一種古色古香的感覺。

✿巴爾的摩琳琅滿目的海產攤位，濃郁的海鮮味似乎不需要嗅覺也能感受得到。

搜索地標：密蘇里州

Saint Louis

聖路易

美國的正中心

聖 路易是美國地理位置的絕對中心。得天獨厚的地理條件讓它兼收並蓄了各方的優秀文化。西部開發的歷史就是在此書寫的，這個城市隨著那段歷史而永遠被人銘記。

從 地理位置上來看，聖路易是美國絕對的領土中心，一座座的大城市將它團團包圍著。當年這裡曾處於法國的殖民統治之下，甚至名字也來自法國國王。

聖路易歷史上最風光的經歷大概就是戰勝了芝加哥，取得了第三屆奧林匹克運動會的主辦權。儘管由於多方面因素影響，那次奧運實在難以稱得上令人滿意，但聖路易的名字就此脫穎而出，開始為世界認識和熟悉。

美國的經濟發展是由東部大西洋海岸逐漸向西部的荒涼地區推進的，而中心的聖路易是大量人流貨流湧向西部的必經之路，地理學家們把這裡稱為「向西進發的門戶」。城市中心區的聖路易拱門就是那個時代最鮮明的象徵。走過它，便意味著進入了美國西部大地，當年的移民們由此向西部進軍，征服未開墾的蠻荒邊區，開拓新的謀生之路。這個弧形拱門是為了紀念他們而建造的，前往聖路易的遊客皆為此而來。

拱門高達192公尺，在幾里開外便遙遙可見，它呈拋物線形、輪廓秀美，像一道長虹飛架於大地之上，雄姿英發。鋼板製成的橋身閃爍著炫目的光澤，華麗壯觀，不可侵犯。看見它，就會想起那些不屈不撓的拓荒者，他們毅然決然的堅定信心比這拱門還要令人讚嘆。在拱門底部，電梯可直達頂層，領你飽覽整個聖路易的風情。

在欣賞完拱門的宏偉，聆聽過美國西部開發的歷史之後，就可以帶著不平靜的心情審視一下這個美國中心了。用風景如畫來形容聖路易一點也不為過。在整個美國的精心包裹下，這個不大的城市如蚌殼中的珍珠一樣被精心孕育著，終於散發出了奪目的光彩。芳草如茵，成排的楓樹林立，每年秋天楓葉都綻放得火紅，如天邊的火燒雲，燃燒了整個聖路易，紅彤彤一片喜慶。市內每個廣場上都有精緻的噴泉，水花四濺，波光粼粼。新奇的是每年的萬聖節期間，噴泉裡的水都會罩上一層鮮亮的紅色，這是聖路易人為慶祝萬聖節所做的惡搞，卻在視覺上收到了不同凡響的效果。水柱彷彿更加靈性了，帶著妖冶鬼魅的誘惑跳躍著，讓心也跟著激盪，禁不住想在萬聖節瘋狂一次的衝動。

由於地理條件優越，聖路易接納了來自美國四面八方的移民，多民族多國籍的融合，將這裡變成了一個國際性的城市。美國的學者們把聖路易人的性格描述成「北方人的幹勁和勇氣、東部人的文化技術、西部人的遠見卓識和南方人的熱情好客」，全美國的優良傳統都被聖路易兼收並蓄了。這就是中心城市的優越。站在美國的中心呼喚燦爛的陽光與清新的空氣，我們的願望簡單但執著。聖路易把這一切都賜予我們，這一刻，我們是幸福的。

✤聖路易森林公園被讚譽為「全美國數一數二的公園」。公園占地450多公頃，集各種文化、娛樂、體育設施於一體。這是豎立在公園內的法王路易十四銅像。

Chapter 4

完美終點

搜索地標：夏威夷州

Hawaii Islands

夏威夷群島

太平洋明珠

它是大洋中最美的島嶼，是停泊在海洋中最可愛的島嶼艦隊。它交織東西方的文化，連結南北半球的文明。無論是在遼闊的太平洋上，還是在人類浩瀚的文明史海中，它都是一個無法取代的十字路口，令人驚艷不已。

太平洋的海水一望無際，層層疊疊的海浪翻湧，像一隻溫柔的推動搖籃的手，夏威夷群島就是搖籃裡那個被全世界精心呵護著的孩子。

124個小島，8個大島，巧妙地串成了一彎新月狀的珠鏈，斜跨北迴歸線，綿延2400多公里，鑲嵌在太平洋湛藍清澈的海水中，這就是夏威夷群島。馬克·吐溫曾經讚美它是大洋中最美的島嶼，是停泊在海洋中最可愛的島嶼艦隊，語氣中滿含著熱愛與陶醉……「夏威夷」在波里尼西亞語中的意思是「原始的家」，當年的波里尼西亞人遠渡重洋移民於此時，確實希望夏威夷能夠成為他們溫暖的家園。但這方淨土實在是太得天獨厚了，身處交通與軍事要道，如太平洋上的十字路口，扼東西南北四方之咽喉，得夏威夷者，便抓牢了掌握太平洋主動權的鑰匙，怎能不令人垂涎？當躊躇滿志的美國將領土從陸地擴展到海洋的時候，這個波里尼西亞人曾經的家成了美國的第50個州。

州首府火奴魯魯位於八大島嶼之一的歐胡島上。這個島的面積雖不算最大，卻是所有島嶼中發展最快的一個。美國式的現代化文明早已滲透了當年土著居民簡陋的小島。這裡集中了夏威夷州80%的人口，主要港口、碼頭、國際機場全部座落於此，是夏威夷通向外界的必經之路。風景秀美的威基基海濱沙灘、美軍軍事營地珍珠港都分布

＊明亮的藍天，金色的海灘，陽光下的椰林，夏威夷早已成為人們心目中熱帶度假天堂的標準代名詞。

在歐胡島周圍的海域，可以說，歐胡島將人口重鎮、旅遊勝地、軍事要塞這幾種最重要的角色巧妙地一肩挑起，繁華卻不失雅致，忙碌之餘不忘娛樂，輕鬆隨意中還透著一股莊重威嚴的氣質，讓人怎可小覷？

雖然全州的人口只有130萬左右，但這裡可算是美國領土上移民最密集、最廣泛的地區，甚至稱得上「最不像美國的一個州」，連白種人都不多見——美國本土居民在這裡只占了不到1/3，其餘的有土著原住民，亞非歐移民。有趣的是來自亞洲的移民竟然數量最多，高達62%，黃皮膚黑眼睛成了大街小巷的主流。

你能想像一碗清水裡陸續加入不同風格、卻各具特色的調味料，最終變成一碗濃湯的味道嗎？味道馥郁得近乎濃烈，雖然有點怪異，細細品味卻是清新爽口、齒頰留香。如果還是不能領會的話，那麼去看看街頭那些身著夏威夷特色布衫的大塊頭美國佬，在海灘上欣賞一下非原住民跳的有模有樣的草裙舞吧。只有夏威夷才能如此兼收並蓄，交織連結世界的南北東西。不同的語言，不同的膚色，不同的文化差異和民族習慣，在夏威夷隨處可見，但生活絕不因此而衝突，至多是添了幾分趣味洋溢的跌宕，經過新一輪的過濾調和之後，創出了最別具一格的「夏威夷特色」，有人稱之為「世界十字路口的文化」——又一個重要的十字路口，看來夏威夷，註定永遠無法平凡。

❋夏威夷的海水，清澈得有些不真實，連在其中遨遊的海龜也毫不費力傳染上了這個地方的悠閒與浪漫。

❋無論陽光陰霾，無論白日黃昏，夏威夷的天氣與季節會變化，經典的風情卻永遠讓人一眼就認得出。

搜索地標：夏威夷群島

Hawaii Life

夏威夷式生活

浪漫不需要理由

誰說浪漫一定需要理由？世上恐怕再沒有一個像夏威夷這樣能令人完全放鬆身心的熱帶海灘了。它給你最極致的浪漫體驗，不需要任何藉口，只要你張開雙臂，盡情地與它相擁。

祥和的霞光從天際漸漸浮現，很快便將整個小島照得透亮，海水從夜幕籠罩時的深色逐漸變得清澈透明，在晴朗的天空下悠閒地打著轉，偶爾翻起小小的浪花。波里尼西亞人笑了，他們臉上的金光給這裡帶來了歡快的氣氛和明朗的色調。

今天是個好天氣。對夏威夷來說這已足夠，全部的浪漫都將被陽光點燃，誰說浪漫一定需要理由？世上恐怕再沒有一個像夏威夷這樣能令人完全放鬆身心的熱帶海灘了。它給你最極致的浪漫體驗，不需要任何藉口，只要你張開雙臂，盡情地與它相擁。

爽朗的笑聲沸騰了長長的海岸線，「阿囉哈」的歡迎語此起彼伏，夏威夷人如火的熱情化做一個個燦爛的花環，向初登海島的人壓過來。脖子上套的花環越多，說明你越受歡迎。心先被這濃郁的花香迷醉了，在海風的輕輕撫摸中蠢蠢欲動起來。

❋海風拂面，一望無際的海水碧藍得令人心醉，散發著夢幻般的優雅與迷離。

上了島就會發現，更多更鮮豔的花將小島覆蓋了，蜿蜒的海岸線依偎著崎嶇的山路，菠蘿樹飄著果香，棕櫚樹曼妙地款擺腰肢，更多叫不出名字的奇花異草張揚地在風中招搖著，各種香味交織在一起，甜美得如同夏威夷少女的回眸一笑，散發出夏威夷最獨特的味道。

而最獨特的當然還是夏威夷的海灘了。日月星雲在這裡交織變幻出五彩的風光。金黃的海灘像一張大床，平鋪進海水深處。沙粒細膩，吸收了太陽的溫熱，讓你的腳板踩上去是那麼的愜意舒適。潔白蓬鬆的雲團在藍得透明的背景裡慢悠悠地飄，浪漫中還透著高貴優雅。當夜幕緩緩降臨的時候，海灘上仍然殘留著陽光明媚的味道，融入皎潔的月色，混合了激昂與靜謐，這就是夏威夷的夜。看似靜默的冷豔，卻蘊含著洶湧的激情。一堆堆的營火燃亮，在夜色中跳動著鮮紅的希望，人們三三兩兩地圍坐，自斟自飲，自彈自唱。

最著名的草裙舞在這時候出場了，如火神天降，穿透了夜色蒼茫。燦爛的花環與金色的草裙一起抖動著，音樂越來越勁爆，帶著原始的期冀與悸動，伴隨著瘋狂的肢體語言，土著人原始的呼號突然間響徹天宇，與絢麗的煙火一起徹底劃破夜的沉寂。夏威夷當地語中並沒有「浪漫」這個詞，但是最純粹、最原始的浪漫卻滲透了每一個角落，將你層層包圍，醉得不願離開。

✣海天一色，都是最為明亮的寶石藍。椰子樹高大挺拔，枝葉輕搖。五彩陽傘如繁花般團團綻放在沙灘上。

✣在夏威夷，即使木瓜這樣的普通熱帶水果也能被製作得別具風味，令人垂涎。

搜索地標：夏威夷群島

The Polynesian
波里尼西亞人

浪漫的吟遊詩人

當整個歐洲還禁錮在地中海之內的狹小區域時，波里尼西亞人卻已經乘風破浪，穿越浩瀚的太平洋，找到了他們的精神家園，在這裡他們建起了一個類似烏托邦式的理想之家。心靈如藍天碧水一般清澈透明，不帶一絲雜念。

❋熱辣的陽光曬出了他們開朗奔放的性格，對歡快歌舞的熱愛，對斑斕色彩的追求，都是他們孩子般樸實的性格體現。

我們至今也沒搞清楚波里尼西亞人究竟來自何方，但這並不妨礙我們承認，這個民族簡直就是一群天生的航海家。5世紀的時候，靠著手工鑿刻的簡陋獨木舟，他們成群結隊地漂流在茫茫的太平洋中，穿越過一個個驚濤駭浪。或許是冥冥中的緣分引導他們找到了夏威夷——一個「原始的家」。漂泊的心靠岸了，隨之而來的還有他們的家禽牲畜、花草樹木，以及他們固守的傳統文化和信仰。

海平面透出一線曙光，夏威夷的天亮起來了。

當整個歐洲還禁錮在地中海之內的狹小區域時，波里尼西亞人卻已經乘風破浪，完成了一次偉大的航程。沒有指南針，沒有航海圖，頭頂的星星是他們天然的嚮導，海水深淺與洋流的變化為他們指明捷徑，這群勤懇的行吟者靠著智慧和勇氣，終於找到了夢想中的精神家園，手鑿的獨木舟劈風斬浪，征服了太平洋。遠去的海水在他們身後唱起歡快的歌，那是海洋為偉大的水手們奏出的不朽旋律，吟唱著千百年來波里尼西亞人生生不息的喜怒哀樂。

同很多傳統民族一樣，他們在當時有著先進的文明、睿智的頭腦、與世無爭的心靈。波里尼西亞人熱愛這個面向大海春暖花開的小島，在遠離大陸的地方造出了一個類似烏托邦式的理想之家。每個人都還保留著最初的心態，如這裡的藍天碧水一般清澈透明，不帶一絲雜念。即使經過了殖民者的奴役與剝削，蒙受了不可估量的打擊，波里尼西亞人仍然沒有怨天尤人，而是保持著樂觀的信念，並且把快樂傳遞給每一位靠近他們的人。

「阿囉哈！」還未登上夏威夷島，便可聽見一聲聲熱情

的歡呼。這是波里尼西亞人用當地土語歡迎著每一位遠來的客人，他們的笑臉和手中鮮豔的花環一樣燦爛純真。波里尼西亞人都是熱情好客的，從來不在意這些外來客好奇的目光，他們手拉著手為客人翩翩起舞，用簡單真摯的快樂傳遞友愛。

　　草裙舞是波里尼西亞人最傳統的舞蹈，這是他們為紀念火山女神而發明的。不管男女老幼，都能熱情奔放地來上一段。在瘋狂的原始呼號中，臉上塗滿油彩的波里尼西亞人優美的姿態與音樂的節奏配合得恰到好處，每一個觀眾都能感受到他們對神明發自內心的崇敬，對生活和家園無限的熱愛。

　　他們感謝神明的賜予，而我們又何嘗不感謝他們的真摯情感，給我們也帶來了生機勃勃的希望，讓我們沐浴在神的聖光和溫暖的氣息裡，流連忘返。在喧囂的鼓點中默默地許一個心願，願火山女神永遠保佑這個古老的民族，讓純真的愛、簡單的快樂、無疑的認知、原生的美麗……世代流傳，永永遠遠。

✤腰間的草裙與頸上的鮮花項鏈齊飛，搖擺著連成一片花海，搖擺的旋律傳達著人與神和諧的歡悅。

搜索地標：夏威夷群島

Hawai'i Volcanoes National Park

夏威夷火山國家公園

火山女神的家

火 山的誘人之處就在它咄咄逼人的氣勢，雖然明知有危險，但還是不由自主地想接近，親眼目睹它噴發時壯觀的風采。在這樣氣勢磅礴的自然現象面前，人類無疑是極為渺小的。

同 夏威夷全島輕鬆浪漫的氣氛相比，夏威夷火山國家公園顯得有些令人生畏。波里尼西亞人世代景仰的火山女神，用噴流不息的滾沸岩漿和厚重的火山灰築就了這樣一座神奇的建築。在神的傑作前，人類無疑是極為渺小的。

整個公園占地377平方公里，頗為遼闊，不只可以看到諸如茂納洛亞這樣世界著名的火山，還將一部分大海也圈入其中。茂納洛亞山和基拉韋厄火山像兩座巨塔，高高聳立在公園內，極為醒目。它們是現代的兩座活火山，隨時都有噴發的危險，但這反而吸引了更多人嚮往的腳步。公園裡殘留著多處噴發後遺留的火山口。在沒有危險的區域，遊人可以上前仔細觀察。火山口其實就是一個深不見底的黑洞，周邊寸草不生，裊裊的白色蒸氣升騰，如夢如幻，但是千萬不要被這飄渺的美景迷惑，霧氣夾裹著地底的高溫，若不小心燙一下可夠你受的。避開蒸氣，扒著火山口向裡探頭張望，雖然明知沒有危險，但身處曾經洶湧噴發的火山口還是帶著一絲興奮的緊張。當年的岩漿早已凝固，只有層層疊疊的波紋還記載著它們往日的波瀾，默默地為遊人講述古老的驚險故事。

島上的活火山每天都在蠢蠢欲動，噴湧出岩漿，順山而下，有的凝結在半路上，有的最終融入大海。沿路上信步可見黑色的火山岩，閃著金屬的光澤。走在這上面也要萬分小心，質硬且脆的火山岩極易斷裂，斷口十分的鋒利，若不小心劃到了難免鮮血長流。但再多的陷阱也嚇不退遊人的熱情，火山公園的千變萬化一言難盡，不論在裡面待多久，總是能有全新的體驗和感受。

✽岩漿入海，泛起耀眼的流光，凝在海中的岩漿將島的面積又擴大了幾分。

在火山口與火山岩之間，火山活動形成的硫黃形成了壯麗的奇觀，島上的空氣中都瀰漫著一股若有若無的硫黃味道。

搜索地標：歐胡島

Pearl Harbor

珍珠港 · *血淚與彈痕的明珠*

夕陽斜林，碧浪沙灘。如果沒有戰爭，這裡的一切都像童話般那樣美好。而一場災難讓本該單純的美麗景色承載了過於厚重的寄託，我們多麼希望一切都不曾發生過，它依舊是那個風景如畫、浪漫溫馨的寧靜海灣。

✤三面環山，一面向海，珍珠港像一隻舒展開的鷹爪，伸向夏威夷內陸。

夕陽斜映著椰子樹，鬆軟的沙灘一片金黃，碧藍的海水微微盪漾著，星條旗在旗桿上柔和地迎風飄揚。這是好萊塢巨片為我們呈現出的一個美麗的珍珠港，和它的名字一樣，如一顆珍珠在夏威夷的小島間熠熠發光，男女主人公在浪漫的環境裡享受愛情，如果沒有戰爭，一切都像童話般美好。

單聽珍珠港美麗的名字，沒有人會想到戰爭。它位於夏威夷歐胡島南岸，因水域內盛產珍珠而得名。得天獨厚的地理位置洽也築就了它盡人皆知的悲慘命運，二戰時，珍珠港成了美軍太平洋艦隊總部所在地。於是便有了那震驚世界的一幕。1941年12月7日，當清晨的第一縷陽光點燃整個海港的時候，一切似乎都還風平浪靜。沒有進入戰爭狀態的大兵在甲板上吹著海風，當地的姑娘小夥們在椰子樹下品味愛的甜蜜，保衛他們的艦艇在海面上梭巡著，顯示出美國氣派的驕傲。災難來得毫無防備，逃無可逃。日軍戰機鋪天蓋地而來，瘋狂的轟炸打碎了所有的童話，美軍根本來不及抵抗，美麗的港口瞬間陷入了一片硝煙火海，乍現的曙光迷失在無

盡的黑暗中。

　　受挫的羅斯福總統終於下決心與日本開戰。美國以一種極為慘烈的方式開始了他的太平洋戰爭之路。而珍珠港從此也成為二戰的一個標誌性地點，只是在更多的人心中，珍珠港是一道難以磨滅的傷疤，是一場災難永恆的象徵。至今它還在喚起一代代美國人的愛國之情，吸引著四面八方的遊客，成了夏威夷第二大旅遊勝地。

✤珍珠港內停泊的「林肯」號航空母艦。

　　今日的珍珠港仍然是美軍重要的軍事基地，散發著濃濃的軍事氣息，吸取了慘痛教訓的美國人比誰都懂得防禦與警惕的重要性。所以不要試圖在這裡挑戰美國大兵的耐心，那嚴密的警戒線讓一般的遊客只能望洋興嘆。但搭建在海面上的戰爭紀念館卻慷慨地對所有來訪者都敞開了懷抱。這個平台型的建築由雪花石膏板搭建而成，通體雪白。戰爭雖然摧毀了建築，但卻無法擊垮人們心中的信念，正是這種信念支撐著他們取得了最後的勝利。站在紀念堂中向海底望去，隱隱能看到「亞利桑那」號戰艦的影子。當年這艘被擊沉的戰艦帶著1000多名士兵沉入海底，靜靜地蟄伏了幾十年。在海面上還可以看到它鏽跡斑斑的炮台。戰艦的旗桿經過修復，緊貼海面上的紀念堂矗立著。一面星條旗赫然飄揚在旗桿頂端，昭告世人，這裡是美國人戰鬥過的地方。

　　這樣的紀念方式看上去很獨特。如同一個別緻的水上墓園，追念者與犧牲者在同一片海面上交疊著。在海灘上望去，湛藍的海面上浮著雪白的建築，美不勝收，五彩斑斕的熱帶魚類成群結隊地游過——在牠們眼裡亞利桑那號像一隻巨大的怪獸，是牠們永遠的夥伴——誰願意把這祥和的景色和一場災難聯繫起來？

✤在戰爭紀念館，每個人都有機會在這裡免費瞻仰戰爭遺跡，接受一次美式的愛國主義教育。

　　清涼的海風已經吹散了戰爭的硝煙，起伏的波浪也撲滅了燃燒的戰火，悸動的靈魂在此得到了安息。可誰又知道下一次的災難會降臨在哪裡？人類的紛爭永無止境，而戰爭中永遠沒有贏家，如同當年的美國和日本都付出了極為慘重的代價。

　　什麼時候人們才能停止製造珍珠港這種戰爭標誌，而不是僅僅沉溺於事後的緬懷與憑弔？今天我們站在這裡，確實能感受到諸多歷史沉澱的質感，但是，我們寧願它從來沒有這樣令世人矚目過，寧願它只是當年的那個平靜而美麗的小港……

全球最美的地方——漫遊美國

作　　者	《環球國家地理》編輯委員會
發 行 人	林敬彬
主　　編	楊安瑜
統籌編輯	李彥蓉
責任編輯	汪　仁
內頁編排	帛格有限公司
封面構成	帛格有限公司

出　　版	大旗出版　行政院新聞局北市業字第1688號
發　　行	大都會文化事業有限公司
	110台北市信義區基隆路一段432號4樓之9
	讀者服務專線：(02) 27235216
	讀者服務傳真：(02) 27235220
	電子郵件信箱：metro@ms21.hinet.net
	網　　　　址：www.metrobook.com.tw

郵政劃撥	14050529 大都會文化事業有限公司
出版日期	2010年6月初版一刷
定　　價	250元

I S B N	978-986-6234-01-9
書　　號	Image-13

Metropolitan Culture Enterprise Co., Ltd
4F-9, Double Hero Bldg.,432,Keelung Rd.,Sec.1,
Taipei 110,Taiwan
Tel:+886-2-2723-5216　Fax:+886-2-2723-5220
Web-site:www.metrobook.com.tw
E-mail:metro@ms21.hinet.net

國家圖書館出版品預行編目資料

全球最美的地方：漫遊美國 / 環球國家
　地理編輯委員會著. — 初版. — 臺北市：
　　大旗出版：大都會文化發行，2010.06
　　　面；　公分
　　ISBN 978-986-6234-01-9(平裝)

　　1. 自然地理 2. 人文地理 3. 美國

752.6　　　　　　　　　　　　99006146